非物质文化遗产概论

总主编　龚珍旭
主　编　柯小杰　童光庆
副主编　潘昱州

电子工业出版社
Publishing House of Electronics Industry
北京 · **BEIJING**

内 容 简 介

本书对非物质文化遗产的定义、特征与标志,非物质文化遗产的类别,非物质文化遗产的价值,非物质文化遗产的保护,非物质文化遗产的利用,非物质文化遗产的管理,四川省非物质文化遗产传承与保护等问题,运用多学科理论交叉的研究方法,进行系统、全面的探讨和研究。本书还根据非物质文化遗产所面临的生存现状和自身特点以四川省非物质文化遗产案例来分析探讨,提出了具体的抢救内容与方法。

本书通俗易懂,可以作为通识课教材,适合专科生、本科生使用,同时也可以作为非物质文化遗产相关人士学习与参考的资料。

图书在版编目(CIP)数据

非物质文化遗产概论 / 柯小杰,童光庆主编. —北京:电子工业出版社,2019.8(2024.9 重印)

ISBN 978-7-121-37158-5

Ⅰ. ①非… Ⅱ. ①柯… ②童… Ⅲ. ①非物质文化遗产—概论—中国 Ⅳ. ①G122

中国版本图书馆 CIP 数据核字(2019)第 160851 号

责任编辑:李 静   特约编辑:王 纲

印　　刷:北京天宇星印刷厂

装　　订:北京天宇星印刷厂

出版发行:电子工业出版社

　　　　　北京市海淀区万寿路 173 信箱　邮编 100036

开　　本:787×1 092　1/16　印张:12.75　字数:327 千字

版　　次:2019 年 8 月第 1 版

印　　次:2024 年 9 月第 15 次印刷

定　　价:41.80 元

前　言

四川文化艺术学院（原名：四川音乐学院绵阳艺术学院）秉承大学的神圣使命，依托地处绵阳、毗邻北川羌族自治县的区位优势，结合地方经济发展需要，以羌藏文化保护和传承为基点，在学院应用型人才培养目标的指导下，以学院的非物质文化遗产（简称非遗）教育为载体，按照错位发展、培育特色的要求，紧紧围绕"参与教改、服务地方、培养具有非遗意识的技术技能型、复合型、应用型艺术人才"这一"主体"，以"校内本体建设"和"校外平台搭建"为"两翼"，以"理论研究、课程建设、活动拓展"的"结合"为抓手，积极探索"一体两翼三结合"的非物质文化遗产教育特色模式。其中，"一体"是非遗教育的目的和归宿；"两翼"为"一体"提供支撑，是实现"一体"的两大平台；"三结合"是"两翼"建设的具体举措，是非遗教育的实现途径。"一体两翼三结合"相互融合、相互促进，构成不可分割的整体。

根据四川文化艺术学院的实际情况，基于多年的非遗教学教育实践活动，利用非遗载体，参与教改，探索特色办学过程中的思考与历程。学校先后组织编写了相关的非遗校本教材：2010 年编写了《非物质文化遗产传承与保护》讲义，在 2008、2009级学生中进行了试点教学，2011 年在原讲义基础上进行修订完善，内部出版《非物质文化遗产传承与保护讲义》（修订版），2012 年 9 月再次修订为《非物质文化遗产传承与保护》，由中国文联出版社公开出版发行，作为选修课、通识课教材。

随着国家对非物质文化遗产工作的高度重视，2011 年 2 月 25 日第十一届全国人民代表大会常务委员会第十九次会议通过《中华人民共和国非物质文化遗产法》，非遗保护、研究，成果迭出，非遗数据变更，非遗知识不断更新，原有校本教材不能满足目前教学需要，因此予以重新编写和修订。

《非物质文化遗产概论》由龚珍旭担任总主编，柯小杰、童光庆担任主编，潘昱州担任副主编。本书共八章二十六节，全书对非物质文化遗产的定义、特征与标志，非物质文化遗产的类别，非物质文化遗产的价值，非物质文化遗产的保护，非物质文化遗产的利用，非物质文化遗产的管理，四川省非物质文化遗产传承与保护等问题，运用多学科理论交叉的研究方法，进行系统、全面的探讨和研究。本书还根据非物质文化遗产所面临的生存现状和自身特点以四川省非物质文化遗产案例来分析探讨，提出了具体的抢救内容与方法。还在《附录》中汇编了非物质文化遗产的相关管理办法、法律，以供研究者查询、研究。

本书通俗易懂，可以作为通识课教材，适合专科生、本科生使用，同时也可以作为非物质文化遗产相关人士学习与参考的资料。

编　者

2019 年 6 月

目　　录

绪　　论

人类社会非物质文化遗产保护相关内容历史悠久，早在两千多年前的古代中国，就有宫廷组织的采风制度，辑录了大量的民歌，其中以《诗经》为代表。我国是一个历史悠久的文明古国，56 个民族在长期的历史发展进程中，不仅创造了大量的有形文化遗产，也创造了丰富的无形文化遗产，包括各种神话、史诗、音乐、舞蹈、戏曲、曲艺、皮影、剪纸、绘画、雕刻、刺绣、印染等艺术和技艺，以及各种礼仪、节日、民族体育活动等。中华民族血脉之所以绵延至今从未间断，与民族民间文化的承续传载息息相关。民族民间文化是中华民族世代相传的文化财富，是我们发展先进文化的民族根基和重要的精神资源，是国家和民族生存和发展的内在动力。在国外，有一些历来重视本国故事传说文化遗产保护的先进国家，如芬兰就是代表，其收集整理本国民间文学历史更长、成就更大。我们的邻国日本、韩国系统普查其非物质文化遗产资源的时间也比我国早。20 世纪 50 年代，日本率先将非物质文化遗产视为国家财富，开展活态保护工作。

第一节　非物质文化遗产学的形成

"非物质文化遗产"初始只是作为一个社会工程术语出现，随着申报非物质文化遗产保护工程的升温，然后逐渐向学术理论发展，形成一门新的学科。高丙中认为，2002 年 10 月在中央美术学院召开的"中国高等院校首届非物质文化遗产教育教学研讨会"可以看作其迈向学术概念的一个契机。随后，学界出现了大量的有关非物质文化遗产研究的理论文章，为其成为一门独特学科打下了基础。"非物质文化遗产"概念在中国的流行从外因来说主要受联合国教科文组织的一个新项目的影响。联合国教科文组织在 2000 年正式设立《人类口头和非物质文化遗产杰作名录》项目。该项目每两年评议一次。在 2001 年的首届评议中，世界上共有 19 项非物质文化遗产被列入，其中代表中国的是昆曲。联合国教科文组织的这一保护工程一下子激发了国内学界、各种团体和各级政府的参与热情，加上新闻界的推动，"非物质文化遗产"成为国内的热门话题。

一、中国的非物质文化遗产研究

20 世纪 70 年代末文化部适时启动十套"中国民族民间文艺集成志书"编纂工作，这是一个跨世纪工程，普查面最广、参加人数最多、搜集成果最显著，取得的成就令人瞩目。文化部、财政部下发了《关于实施中国民族民间文化保护工程的通知》（文社图发［2004］11 号）。《通知》指出，为进一步加强民族民间文化保护工作，继承和弘扬中华民族优秀文化传统，建设有中国特色社会主义的文化，文化部、财政部决定在全国实施中国民族民间文化保护工程，并为此制定了《中国民族民间文化保护工程实施方案》。从 2004 年到 2020 年实施，分为三个阶段：第一期 2004—2008 年，为先行试点和抢救濒危阶段；第二期 2009—2013 年，为全面展开和重点保护阶段；第三期 2014—2020 年，为补充完善和健全机制阶段。

1998 年以来，文化部和全国人民代表大会教科文卫委员会共同开展了广泛、深入的民族民间文化保护立法调研。在此基础上，组织起草了《中华人民共和国民族民间传统文化保护法》（建议稿），于 2002 年 8 月上报全国人民代表大会。经过广泛征求意见和反复修改，目前该法律草案已列入全国人民代表大会立法计划。云南、贵州等省已率先出台了民族民间文化保护条例，为我国民族民间文化保护实行法律保障方面提供了有益经验。《中华人民共和国非物质文化遗产法》于 2011 年 2 月 25 日通过，并于同年 6 月 1 日实施。非物质文化遗产保护已经成为国家文化战略的重要组成部分。

2001 年和 2003 年，昆曲艺术和古琴艺术分别成功申报为"人类非物质文化遗产代表作名录"之后，我国非物质文化遗产的研究随即升温。非物质文化遗产在中国的身份完成从"草根文化"到国家"文化象征"的转变，并且被赋予"民族文化基因"的意义。

2017 年 1 月 25 日，中共中央办公厅、国务院办公厅印发了《关于实施中华优秀传统文化传承发展工程的意见》，并发出通知，要求各地区各部门结合实际认真贯彻落实。以中央文件形式专题阐述中华优秀传统文化的传承发展工作还是第一次。可以说，这是建设社会主义文化强国的重大战略任务，对于延续中华文脉、全面提升人民群众文化素养、维护国家文化安全、增强国家文化软实力、推进国家治理体系和治理能力现代化，具有重要意义。推动非物质文化遗产传承发展，守护我们共有的精神家园。近年来，文化部门认真贯彻非物质文化遗产法，不断完善国家、省、地（市）、县四级保护名录制度，国务院公布了四批国家级代表性项目，文化部认定了五批代表性传承人，对国家级非物质文化遗产项目代表性传承人开展了抢救性记录，在 16 个省市区设立 18 个国家级文化生态保护实验区，实施以传统工艺为重点的非遗传承人群研修研习培训计划，努力提高传承水平。

研究成果主要集中在非物质文化遗产的保护、开发利用、涉及的相关主体，以及相关法律、政策问题上。开始的研究主要集中在非物质文化遗产资料的收集、整理和描述上，后来的研究涉及非物质文化遗产的保护、利用、立法和旅游开发，并开始借鉴国外先进研究成果。

已有的研究涉及民族学、人类学、法学、旅游学、民俗学等学科，多采用定性描述的研究方法。其研究成果推动了非物质文化遗产基础理论研究和实证研究，为政府、业界和学界加强非物质文化遗产保护与开发提供了依据。

二、其他国家的非物质文化遗产研究

1989 年 10 月 17 日至 11 月 16 日，联合国教科文组织第二十五届会议通过《保护民间创作建议案》，建议世界各国尽快采取行动，保存、保护并传播民间创作这一全人类的共同遗产。民间创作（或传统的民间文化）是指来自某一个文化社区的全部创作，形式包括语言、文学、音乐、舞蹈、游戏、神话、礼仪、习惯、手工业、建筑术及其他艺术。此后，联合国教科文组织宣布了"人类口头和非物质文化遗产代表作条例"，旨在奖励口头和非物质文化遗产的优秀代表作品。代表作的范围包括：口头传统，以及作为文化载体的语言；传统表演艺术（含戏曲、音乐、舞蹈、曲艺、杂技等）；民俗活动、礼仪、节庆；有关自然界和宇宙的民间传统知识和实践；传统手工艺技能；与上述表现形式相关的文化空间。联合国教科文组织总干事定期向会员国发布已被宣布为"人类口头和非物质文化遗产代表作"清单。这些代表作在经过严格的程序后评估产生。代表作必须符合双重标准，一方面要在文化上有特殊价值，另一方面要有组织措施加以保证。代表作必须接受监督，每两年向联合国教科文组织报告行动规划的实施情况，如果不遵守行动规划，称号可能被撤销。

（一）其他国家非物质文化遗产保护历史回顾

在人类发展的历史长河中，积累了丰富的非物质文化遗产。由于西方国家在古代有着长期的民族征服和民族战争，许多国家在战争中消亡，古希腊、腓尼基被罗马文明征服，罗马又被日耳曼文明征服，文明古国古巴比伦被古波斯文明征服，古埃及被阿拉伯文明征服，在这样的征服中，许多文化遗产、历史文物、文献连同民族一起在历史中消失。只有那些脍炙人口的口头文化遗产由于具有广泛的群众性而流传至今，如古希腊的《荷马史诗》、古印度的《吠陀经》，以及广泛流传的神话传说、民间故事。虽然创造的民族可能已经不复存在，但在流传者的身上依然可以看到那些古老民族的身影与活力。被誉为印度圣经的《摩诃婆罗多》和《罗摩衍那》两部史诗，是古印度文学艺术的最高峰。《摩诃婆罗多》全书18篇，20多万行，是《荷马史诗》的7倍多，从最初的一个短片故事，发展到丰富多彩的婆罗门教的传奇，并从宫廷走向民间，故事中包含着丰富的音乐、舞蹈、绘画、雕刻等艺术。除民间文学、故事、神话外，口头文化遗产还包括名目繁多的戏剧品种，印度的卡提亚达姆梵剧就是很重要的一种，被列入联合国教科文组织首批人类口头和非物质文化遗产代表作名录。

随着工业革命的发生，西欧的世界发生了翻天覆地的变化，恬静的田园生活被完全改造，从19世纪初，一些国家和政府已开始制定文化遗产保护法，对文化遗产实施保护。第二次世界大战给各国人民留下了抹不掉的创伤，也是物质文化遗产和非物质文化遗产的一场浩劫，大量的文化遗产在一夜之间消失，激发了人们的保护意识。20世纪60年代后，大规模城市改造给传统建筑带来的巨大冲击更进一步坚定了人们保护传统建筑文化遗产的决心，特别是发达国家纷纷行动起来，通过立法、政府引导、社会参与、建立基金、建立保护区等方式保护非物质文化遗产。进入20世纪70年代，东、西方诸国的共同努力终于影响到联合国教科文组织，随着人类文化及自然遗产保护工作的开展，文化遗产大普查活动拉开了序幕。在联合国教科文组织的努力下，起草《保护非物质文化遗产公约》，宣布"非物质文化遗产代表作名录"，公布"亟须保护的非物质文化遗产名录"，引起了各国的重视，引导着非物质文化遗产保护工作在世界范围内的开展和交流。因此，自20世纪下半叶以来，非物质文化遗产的保护工作在各国广泛地开展起来。

　　日本是较早开展非物质文化遗产保护的国家，非物质文化遗产被称为"无形文化财"。早在 1950 年 5 月，日本政府就颁布了《文化财保护法》，并于同年 8 月 29 日开始实施，这是首次将非物质文化遗产纳入法律的范畴。韩国对于非物质文化遗产的关注是有目共睹的。1962 年 1 月，韩国政府出台了《文化财保护法》，此项法律的出台使韩国的物质文化遗产和非物质文化遗产都纳入法律的保护体系。此法自颁布以来，经历了 14 次较大修改，极大地推进了非物质文化遗产的保护活动。韩国对文化遗产的科学保护源于其完善的法制管理，责权划分清晰，管理十分到位。此外，对于破坏国家非物质文化遗产的犯罪现象，韩国也制定了严格的量刑标准。严格的奖惩制度，是韩国文化遗产保护工作中最为突出的特点。

　　在西方，以意大利和法国开展文化遗产抢救的保护工作最具代表性。意大利是文化遗产拥有大国，同时也是文化遗产保护的先进国，对文化遗产所实施的法制化建设历史悠久。1902 年 6 月 12 日，意大利颁布了其历史上第一部《历史、艺术遗产保护令》，即著名的 185 号令。1969 年 5 月 3 日，政府成立专职文化遗产宪兵部队，来打击破坏文化遗产的犯罪行为，这是目前世界上唯一一支专门负责文化遗产保护工作的武装部队。1999 年，意大利将以往众多法律中包含的保护文化遗产及周边环境的立法条文搜罗在一起，制定出沿用至今的"联合法"。在意大利，政府专门设立了文化遗产部。文化遗产部根据各个地区文化遗产的分布类型，设置了相应的文化遗产监督署，以垂直行政管理的方式，负责监管地方政府对中央文化遗产保护政策的落实情况。在意大利的文化遗产保护过程中，民间社团组织、企业、个人等都真切、积极地参与其中。在文化遗产保护法律的制定和管理体制的建设方面，法国一直走在世界的前列。据不完全统计，仅文化遗产法便颁布过 100 多部。从组织管理结构上来看，法国不但有专门负责文化遗产保护工作的政府机构、顾问社团、社会组织，同时还有一套完整的教学体系和科研体系。在 20 世纪 60 年代，法国进行了一场大规模的普查工作，这场普查不但增进了法国国民的文物意识，同时也使民众对文物的价值观发生了重大的变化。

（二）其他国家非物质文化遗产保护的模式与经验

　　2001 年联合国教科文组织开始"人类口头和非物质文化遗产代表作"的申报与确认工作，至今已公布两批。2003 年 10 月，联合国教科文组织第 32 届大会通过了《保护非物质文化遗产国际公约》。世界许多国家在制定保护法，建立保护机构，调查、搜集、记录、整理、研究民间文学艺术，培养手工艺人，资助传承人和团体，建设生态博物馆，设立"国家遗产日"等多种形式的民族民间文化保护工作方面，取得了不少成功的经验，为实施"保护工程"提供了有益的借鉴。

经过半个世纪以来的探索，各个国家都在非物质文化遗产保护方面有了自己的优势和特点，韩国、日本及欧美发达国家都积累了很多先进的保护经验，值得我们学习和借鉴。下面介绍几个比较典型的国家政府在保护非物质文化遗产方面的探索。

1. 日本

日本是亚洲最早进行非物质文化遗产保护的国家，在保护方面主要有两点值得思考。

一是从无形文化财的认定到文化财登录制度的转变。在《文化财保护法》出台后，日本开始实行"指定制度"，主要是从国家的立场出发对文化遗产中特别重要、突出和具有特殊价值的予以严格筛选和"指定"，进而对其所有者也做出一些必要的限制。1955 年，日本首次公布认定"重要无形文化财"。无形文化财有三种认定方式，即"个项认定""综合认定""持有团体认定"。无形文化财的传承人称为"人间国宝"，"人间国宝"在传承"绝技"时，要进行记录、保存和公开，使它们"实现艺术价值"。他们每年可从政府那里获得 200 万日元的补助金，用于培养和传承技艺，但必须向政府说明该款的用途。日本的认定制度对日本非物质文化遗产的传承和保护产生了巨大的影响，并得到了联合国教科文组织的大力推广，纳入"人类口头及非物质文化遗产抢救与保护"的整体框架中。截至 2000 年年底，日本各都道府县共指定无形文化财157 项，市镇村共指定无形文化财 1024 项；都道府县共指定无形民俗文化财 1653 项，市镇村共指定无形民俗文化财 5228 项，重要综合无形文化财 13 项，传承团体 13 个，重要民俗无形文化财 202 项。截至 2004 年，日本已经认定重要个人无形文化财 78 项，传承人 270 人（除逝世等原因被解除者外，实际持有人数为 107 人）。不过，这种认定制度很严格，由文化财专门委员会进行调查、文化厅负责人进行筛选、文化审议会审议，最终由文部科学大臣批准并颁发认定书。更重要的是认定局限于"少数精品主义"，并给予重点保护，而大多数无形文化财是无法得到保护的。于是 1996 年日本又引入了"文化财登录制度"，其实就是申报制，由拥有者申报之后，再通过指导、建议、劝告等手段，对各种文化遗产进行较具缓和性和宽泛性的保护。这使得文化遗产保护的范围进一步扩大，并调动了全体国民参与的积极性；同时，它还明确了"指定都市"的责、权、利，以及各级地方政府所应承担的职责；要求进一步促进文化遗产的应用、公开与国际文化交流事业等。新的"登录制度"是对以前"指定制度"的重要补充。

二是日本一直坚持统一使用文化财，在此基础上，划分为有形文化财、无形文化财、民俗文化财、纪念物和传统建筑物群五类。这样的划分始终将物质文化遗产和非物质文化遗产结合起来，实行统一管理，无论是认定制度还是登录制度，对全部文化遗产都适用。这样，可以避免生硬地将物质与非物质、有形与无形划分开，其实文化常常同时具有两种形态。如此则避免孰轻孰重的问题，同时加以关注，一同进行保护。

与此同时，日本投入了大量的经费，平均国家用于无形文化财调查经费是 5000 万日元，用于民俗无形文化财传承及活动方面的经费是 1.8 亿日元。每年投资 5000 万日元用于个人修复技术的传承，投资 9000 万日元用于团体修复技术的传承，还投资 4000 万日元用于文化财保存技术的国内研修与交流等。

2. 韩国

韩国是继日本之后世界上第二个对无形文化财进行保护的国家。其在 20 世纪 60 年代全面学习日本保护无形文化财的先进经验。韩国的传统文化极具东方特色，茶道与韩服、跆拳道、饮食制作、卜算、陶瓷器制作、盘索里、竹器等都是韩国重要文化财。截至 2004 年 8 月 31 日，韩国文化厅共指定重要无形文化财 116 件，重要民俗资料 244 件，同时出版《民俗调查报告书》2028 卷，制定重要无形文化遗产传承人 367 名，候补传承人 51 名，使无形文化财传承进入良性发展状态。此外，韩国有四点经验值得思考。

一是注重民间社团组织在无形文化财中的重要作用。众所周知，西方国家社团组织的主要功能是负责物质文化遗产的保护和维修，而韩国的民间社团组织则主要负责无形文化财方面的调查、保护和研究，对无形文化财的存在和发展产生很大的影响。在韩国，民间社团组织划分为两类：一类是由专家学者组成的各级学会组织，这些学会一般由无形文化财方面的专家学者组成，主要负责该领域内的学术研究和理论探讨，如韩国民俗学会、历史民俗学会、比较民俗学会等；另一类是由无形文化财的传承人组成的传习组织，主要负责无形文化遗产的继承发扬，类似的有假面协会、农乐协会等。

二是实行"活的文化财"保护制度。1993 年韩国根据本国保护无形文化财的经验，在联合国教科文组织执委会第 142 次会议期间，曾提议建立"活的文化财"保护制度，执委会接受了此建议，为此还制定了《建立国家"活的文化财"制度指导大纲》。"活的文化财"是指那些具有对国家选定的、在国内能够成为活的文化传统并具有创造性天才的无形文化财进行表演、创造的知识和技能的人。按照"活的文化财"保护制度，不仅鼓励年轻人学习那些保持和延续国家指定的有特殊历史、文化和艺术价值的无形文化财所必需的技能和知识，并且这些被保护的"活的文化财"也要履行一系列责任和义务：保持和发展他们的知识和技能，通过有效的培训使这种知识和技能代代相传，致力于无形文化财的记录和保护，通过展示来传播他们的知识和技能。

三是重视无形文化财的继承，特设传授奖学金。韩国在保护和继承无形文化财方面，为了保证重要无形文化财后继有人，对那些有志于学习无形文化财的青年人，特设奖学金，统称"传授奖学生"。《文化财保护法实施规则》中对传授奖学生在素质和年龄等方面都有详细的规定，如"在与重要无形文化财相关领域工作经历超过一年以上者""从重要无形文化财持有者或持有团体那里接受了六个月以上的传授教育，并且在该重要无形文化财的技能、技艺方面有相当素质的人员"等，重要无形文化财的传授奖学生的学期一般为五年。

四是注重将保护与商业化、旅游开发结合起来。无形文化财的商业开发无处不在，在地铁的广告、外国游客的服务指南、飞机座椅的背靠上，各种各样的无形文化财广告随处可见。表演类的非物质文化遗产经常在各大宾馆为外国游客表演，通过开发传统的宗教祭祀文化、民俗节日，吸引大批游客前来观看，而那些国家文化财的表演者，更是马不停蹄地跑向一个又一个的舞台进行表演。

3. 欧美非物质文化遗产保护的经验

欧美国家没有将物质文化遗产和非物质文化遗产进行严格区分来加以保护，而是在文化遗产的名目下共同开发。法国就是很好的例子，其将全国划分为若干个历史文化遗产保护区，2005 年为 100 个，每年批准两三个，每个区内有多个历史文化遗产，而且将文化遗产区向所有民众开放。法国首创了文化遗产日，每年 9 月第三个周末，所有博物馆均开放，公立博物馆免费，包括卢浮宫、凯旋门等，私立博物馆减价。文化部门向民众推荐非物质文化遗产参观名录，全国达到 1 万多个。在法国的影响下，欧洲理事会 1991 年确立了"欧洲文化遗产日"活动，得到了 40 多个欧洲国家的响应。

英国是文化遗产大国，也是文化遗产保护先进国。从 1882 年通过《古代遗址保护法》以来，出台了一系列的法律来保护历史遗址、文物、美术工艺品，但对非物质文化遗产和民俗文化遗产并没有特别重视。但是英国在文化遗产的保护方面，却特别注重民间团体的作用，他们大都是热衷于文化遗产保护的志愿者，只有少量的专职人员，这些团体分为两类：一类负责文化遗产的维护，如国民信托、建筑遗产基金、地标信托、清教徒信托等；另一类负责文化遗产的咨询，如考古评议会、古代遗址学会、保护不列颠遗产学会等。它们的职能主要包括：对文化遗产保护给予监督和指导；提供技术咨询；宣传文化遗产；设立奖学金，培养专门人才；进行学术交流等。它们的经费主要包括政府拨款、民间捐赠、经营收入和会费，其中遗产保护协会近80%的经费来自政府拨款，而其他协会则为10%左右。2000年维多利亚协会经费的15.46%来自政府拨款，47.44%来自社会捐款，其他的主要来自观光产业和提供技术咨询的收入。

德国是欧洲大国，一直注重日耳曼人原有的民俗文化的保护。其中最显著的是通过博物馆来进行展示，2006年的统计数字表明，德国有6175家注册的博物馆，其中民俗学、乡土文化博物馆达到2783家，占总数的45.1%；艺术博物馆628家，占总数的10.2%；文化史专题博物馆924家，占总数的15%。同时，德国还建立了露天博物馆，将展品从室内展柜中解放出来，将其放回原本的存在条件之中，不脱离实际存在背景，能够赋予展览以鲜活的生活气息。自20世纪70年代中期以来，露天博物馆在德国发展势头强劲，一直没有间断。2006年，德国有该类博物馆130家，其中80家为民俗学、乡土文化博物馆，它们主要展示地区性的民居建筑式样和风格，凸显前现代化时代的聚落格局，重构村落经济的运作形式、社会生活与日常生活，并将其作为一个整体完整、活态地展现在参观者的面前。"黑森公园"是最有名的一个露天博物馆，始建于1974年，占地65公顷，共有7个建筑群100多座建筑物，在这些建筑群当中，参观者可以看到乡村社会最上层大庄园主的住宅，也可以看到最下层的流浪打工者的矮小破败的栖身之所。它的主旨在于"搜集、研究和展出乡村日常文化的物品，为的是让已经成为过去的现实生活免被遗忘"①。

美国在欧美国家中对民间风俗习惯等非物质文化遗产的关注是相对比较早的。美国历来重视对历史遗址和自然遗产的保护，主要以国家公园的方式进行保护，对非物质文化遗产的保护始于1976年1月2日美国第九十届国会通过的《民俗保护法案》。它的制定对美国民俗文化遗产，尤其是无形民俗文化遗产的保护奠定了法律基石。美国民俗包括的范围极其广泛，风俗、信仰、技巧、语言、文学、艺术、音乐和舞蹈等都在《民俗保护法案》的保护之列。美国政府最近也在保护非物质文化遗产方面做了很大的努力，如协调与本地土著民族印第安人的关系，保存其独特的文化传统，鼓励和支持口述史学的兴起等，为保护本国的非物质文化遗产起到了很大的作用。

---

① 吴秀杰. 多元化博物馆视野中的物质文化与非物质文化保护——德国民族学、民俗学博物馆的历史与现状概述.河南社会科学，2008（6）：20-24.

从以上对国外政府在保护非物质文化遗产方面的先进管理经验的介绍中，我们不难发现，他们在立法、民间组织作用的发挥、商业性开发、文化遗产日及遗产代表作及传承人的认定方面都有长期的积累，有些我们已经做得很好，有些我们还需要通过交流吸取经验。尤其是在划分物质与非物质文化遗产方面，国际上的经验几乎都是一体化管理，我们要切忌过多提倡非物质而忘却了物质文化遗产，而且二者在保护上也一定有可融通之处。它山之石，可以攻玉。同时我们也要注意到中国非物质文化遗产保护工作的特点和难度，不可照抄照搬外国经验，否则得来的，只有形式，而无实质性内容，探索中国式的保护之路，乃是当前的一个重要使命。

三、非物质文化遗产学

非物质文化遗产是祖先留下来的遗产，由于它是在历史上产生的，并以活态的形式原汁原味传承至今，所以具有重要的历史认识价值。也就是说，看到它就等于看到了古代的技术、古代的文明。要想让非物质文化遗产具有历史认识价值的前提，可以说，原汁原味保护既是中国非物质文化遗产的底线，也是中国非物质文化遗产的生命线。没有原汁原味的保护，到头来中国的非物质文化遗产只能在改编改造大潮下，越改越少，越改越假，越改越糟。但要想做到原汁原味，事实上是很难的。这是因为作为非物质文化遗产保护工作者的中国学者们，很少有非物质文化遗产学的学科视角，更无非物质文化遗产学的独特眼光，他们多半从各自的学科视角出发，去评审非物质文化遗产，保护非物质文化遗产，而这样做的结果，轻者会造成对非物质文化遗产的误读，重者会造成对非物质文化遗产的伤害。目前，在中国从事非物质文化遗产保护的主要有这样四类人：第一类是从事艺术研究的艺术工作者，第二类是从事民俗学研究的民俗学工作者，第三类是从事经济工作的领导同志，第四类是从事文物保护工作的文物保护工作者。这四类人如果仅从自己既有的学科视角出发去看待非物质文化遗产，几乎谁也做不到原汁原味保护。正是因为如此，从而催生了一门新的学科——非物质文化遗产学。建立非物质文化遗产学，来实现对非物质文化遗产的原汁原味保护。

以联合国教科文组织和各国政府为主体的非物质文化遗产保护运动持续已近二十年了，在学者的广泛参与下，它已从政治层面转向了学术层面。非物质文化遗产的保护实践、传统学科的发展革新和学者的安身立命等需求推动了非物质文化遗产学的学科化，即依据传统学科体系的视阈分层、对象分化和条件分用的规律和原则，以非物质文化遗产形态类型为学科骨架和形象，以代际传承的精神文化现象为研究对象，建立独立、完善的非物质文化遗产学科体系。作为一门新学科，非物质文化遗产学已经具备了自己的独特视野与领域，还具有相对独立的研究视角。

非物质文化遗产学，既是一门相对独立的新兴学科，也是一门边缘性很强的人文科学，与人类学、民族学、民俗学、宗教学、历史学、语言学、考古学、表演学、民间文学、建筑学等传统学科有着相当密切的学术联系。非物质文化遗产学是一门专业性很强的学问，其关注的是足以代表一个民族文化基因的那部分非物质文化遗产。

非物质文化遗产学的独特视角主要集中在三个方面：一是注重对非物质文化遗产本质属性的认知，即重点回答什么是非物质文化遗产；二是强调对非物质文化遗产的遗产价值进行深度挖掘，即重点回答为什么保护非物质文化遗产；三是关注非物质文化遗产传承规律与保护规律的探寻，即重点回答怎样保护非物质文化遗产。

2006 年 6 月 10 日，我国迎来了第一个"文化遗产日"，国务院公布了我国第一批国家级非物质文化遗产名录。我国的非物质文化遗产保护工作正朝着更广阔的领域、更深入的层面拓展。非物质文化遗产保护实践的发展，迫切呼唤着非物质文化遗产理论的指导。正是在这样的背景下，由中国艺术研究院院长、中国非物质文化遗产保护中心主任王文章研究员主编的《非物质文化遗产概论》于 2006 年 10 月出版。这是我国非物质文化遗产研究领域取得的一项重要学术成果。《非物质文化遗产概论》是中国艺术研究院的重点课题，由中国艺术研究院的八位学者共同合作撰写。他们是我国近年来一系列非物质文化遗产保护实践的参与者，并主持和参与了近年来一系列国际国内关于非物质文化遗产保护的研讨活动，并进行过多次实际调研，因此，他们对我国非物质文化遗产保护工作的理论和实践有深入的思考。该书作为国内第一部全面深入研究非物质文化遗产的理论专著，从理论框架设计到内容论述，都具有开拓性的意义。同时，该书也可以作为教材在非物质文化遗产学的教学及人员培训中使用。该书站在历史与文化的总体高度，从国际国内两个视角，全方位、系统而深入地回答了人们对非物质文化遗产所关心的问题，而且还切实地为非物质文化遗产抢救和保护工程提供了宏观的解决问题的思路。这对于启发人们更深入地思考有关非物质文化遗产及其保护工作的理论问题，对于科学地进行非物质文化遗产的保护工作，将起到十分积极的作用。

苑利、顾军著的《非物质文化遗产学》是国内一部以非物质文化遗产学学科建设为终极目标的学术专著，也是供大专院校及相关人士学习与参考的教科书，由高等教育出版社在2009年11月出版了第1版。《非物质文化遗产学》是在已经出版的《非物质文化遗产学教程》（内部专家征求意见稿，2007年版）的基础上，花费数年时间七易其稿写成的一部专著。该书首次将非物质文化遗产研究上升到学科建设的高度，对非物质文化遗产及非物质文化遗产学学科建设进行了较为深入的研究。《非物质文化遗产学》分为上、下两篇。上篇从定义入手，对非物质文化遗产概念与分类、人类保护非物质文化遗产的历史进程、非物质文化遗产价值及影响其价值评估的主要因素、保护非物质文化遗产的方法与原则等理论问题，进行了卓有成效的探讨。同时，对于非物质文化遗产的传承主体与保护主体的不同功能，以及非物质文化遗产的普查、申报开发与经营也进行了深入浅出的分析。自第八章开始，作者分别从民间文学、表演艺术、工艺美术、生产知识、生活知识、仪式、节日及文化空间八类非物质文化遗产的涵盖范畴、普查申报要点及开发等角度，进行详尽的个案分析，对了解非物质文化遗产及非物质文化遗产学具有重要的参考价值。《非物质文化遗产学》的出版与使用，从某种意义说是中国非物质文化遗产学诞生的标志。

《解读非物质文化遗产》是我国非物质文化遗产学著名学者向云驹先生继其所著《人类口头和非物质遗产》《世界非物质文化遗产》后，又一部关于非物质文化遗产的专著。《解读非物质文化遗产》展现了作者多年来对非物质文化遗产的研究成果。全书内容丰富、文体多样，广泛涉及非物质文化遗产的国际原则、国家政策、抢救理念、保护实践、学术追问、类型研究、历史分析、现象批评、鉴赏品析等，集知识性、学术性、思想性、丰富性于一体，从一个侧面记录了中国非物质文化遗产保护在全球化背景下的思想过程和行动历程。该书由宁夏人民出版社在2009年5月1日出版了第1版。

2017年4月19日，中国民协新增重点项目《非物质文化遗产学术研究·亲历者口述史》启动暨学术委员会成立仪式在中国文艺家之家举行。为了切实增强该项目的学术规范性与专业指导性，专门设立了由来自中国文联、中国民协、北京师范大学、中国传媒大学、中央民族大学各相关专业领域的资深学者组成的学术委员会，由中国作协党组成员、副主席白庚胜担任学术委员会主任，中国文联研究员、著名民间文学理论家刘锡诚为学术顾问。项目是由中国民协申报，列入中国文联"青年文艺创作扶持计划"，由中国文学艺术基金会资助的国家级文化项目。项目主旨是记录和研究非物质文化遗产学者的学术历史及科研成果，研究对象为老一辈的民间文艺理论家与非物质文化遗产学资深学者，贯彻以人为本的精神，具有创新性和可实践性。项目预计于 2019 年完成。

在非物质文化遗产学形成过程中，有一批代表性的非物质文化遗产学术研究专家学者做出了卓有成效的努力和贡献。

苑利，男，1958 年 1 月生，山东省齐河县人，中国民间文艺家协会副主席、中国艺术研究院研究员，是我国从事非物质文化遗产学研究起步最早、研究成果最多的实力派学者之一。代表作有《韩民族文化源流》《龙王信仰探秘》《从稻作文化看韩民族的文化源流与发展》《中国民俗学教程》等。他主编《二十世纪中国民俗学经典》等学术丛书 20 余部，多次获得"国家图书奖提名奖""中国文艺理论创新奖""中国民间文艺山花奖"等国家级奖项。

向云驹，男，土家族，1956 年出生于湖南，现任中国民间文艺家协会分党组成员、秘书长，中国民间文艺研究所所长，中国作家协会会员，中山大学非物质文化遗产研究中心学术委员，天津大学、河南大学、长春大学、长春师范学院兼职教授，主要著作有《人类口头和非物质遗产》《世界非物质文化遗产》《文化记者的双刃剑》《羌族文化学生读本》《中国少数民族原始艺术》《民间神话》《民间笑话》《民间寓言》《中国民间口头和非物质文化遗产推介丛书》《中国结丛书》等。

第二节　非物质文化遗产传承与保护面临的主要问题

我国对文化遗产尤其是非物质文化遗产虽然非常重视，但是还有大量少数民族非物质文化遗产的保护有待进一步加强。随着全球化趋势的加强和现代化进程的加快，我国文化生态环境发生了巨大变化，非物质文化遗产的传承和保护面临前所未有的挑战：某些口传心授的文化遗产正在不断消失，许多传统技艺濒临消亡，大量极为珍贵的实物与资料遭到破坏，滥用滥发非物质文化遗产的现象时有发生。当前我国许多非物质文化遗产面临严峻的形势，非物质文化遗产传承与保护工作面临着诸多亟待解决的问题。

一、非物质文化遗产传承和保护的机理分析

（一）非物质文化遗产传承和保护的主体

在非物质文化遗产传承和保护的实务工作中，有两个主体：即非物质文化遗产的传承主体和非物质文化遗产的保护主体。非物质文化遗产的传承主体是指非物质文化遗产传承人，即在文化遗产传承过程中直接参与制作、表演等文化活动，并愿意将自己的高超技艺或技能传授给指定人群的自然人或相关群体①。传承人掌握了非物质文化遗产丰富知识和精湛技艺，成为非物质文化遗产活的宝库。在传统社会中，非物质文化遗产传承人在传统文化遗产的传承过程中发挥了重要作用，他们承载着传统音乐、传统舞蹈、传统戏剧、曲艺、传统美术、传统手工技艺、传统医药、民俗等非物质文化遗产项目代表性的传承活动，为人类文化遗产的传承与发展发挥了积极作用。

非物质文化遗产的保护主体呈多元化，如各级政府、学术界、新闻媒体、社会团体、商界人士及一般民众。其中各级政府是非物质文化遗产保护最重要的主体，没有政府的主导，非物质文化遗产的保护工作必将寸步难行，同时学术界（如高等院校和科研机构有关专家学者）的参与对非物质文化遗产的保护也起到积极作用，他们为非物质文化遗产保护提供理论和政策研究，为非物质文化遗产保护工作的开展提供科学保证。此外，新闻界、社会团体、商界及民众也是不可忽视的力量，他们的参与为非物质文化遗产保护提供广泛舆论和资金支持，这也符合我国非物质文化遗产保护工作应该遵循的"政府主导、社会参与，明确职责、形成合力"原则。总之，多元化的保护主体能综合运用其行政、经济、媒体、专业技术等资源，在政策、融资、舆论、法律及学术等各个层面对非物质文化遗产的保护提供支撑。

（二）非物质文化遗产传承和保护的客体

非物质文化遗产传承和保护的客体也是一个问题的两个方面，即非物质文化遗产传承的对象和非物质文化遗产保护的对象，根据联合国教科文组织《保护非物质文化

---

① 苑利. 非物质文化遗产传承人保护之忧. 探索与争鸣，2007（7）.

遗产公约》的规定，非物质文化遗产的传承对象是指被各群体、团体、有时为个人视为其文化遗产的各种实践、表演、表现形式、知识和技能及其有关的工具、实物、工艺品和文化场所，即各族人民世代相承的、与群众生活密切相关的各种传统文化表现形式（如民俗活动、表演艺术、传统知识和技能，以及与之相关的器具、实物、手工制品等）和文化空间。具体包括：口头传统、作为文化载体的语言，传统表演艺术（含戏曲、音乐、舞蹈、曲艺、杂技等），民俗活动、礼仪、节庆，有关自然界和宇宙的民间传统知识和实践，传统手工艺技能，以及与上述表现形式相关的文化空间（集中开展民众传统文化活动的地点或定期展现特定事件的时间）[①]。

　　非物质文化遗产的保护对象是指非物质文化遗产的传承对象和非物质文化遗产传承人，二者在非物质文化遗产的保护工作中同等重要，有效地保护非物质文化遗产传承人实际上也是在保护非物质文化遗产的传承对象，在实务中往往由于忽视对非物质文化遗产传承人的保护而最终导致非物质文化遗产传承对象的灭绝，给非物质文化遗产带来巨大损失。

（三）非物质文化遗产传承的载体

　　非物质文化与物质文化的最大区别在于传承的载体不同，非物质文化遗产主要以人为载体，具体来说是各民族或族群，它属于该民族或该族群全体人们，是满足大众需要的文化，具有很强的大众性。非物质文化遗产是传承人对精神文化的延续和传递，依靠传承人的口传心授来进行传承，载体与对象是分离的，传承过程是人与人的精神交流，即口述、身体示范、观念及心理积淀等形式[②]。因此传承人是非物质文化遗产的重要承载者和传递者，保护传承人就是保护非物质文化遗产，他们被称为"人类活财富""人类活珍宝"。非物质文化以"活的形态"出现，与人本身是密不可分的，是以人为本的活态文化，它是人类历史发展过程中各国或各民族的生活方式、智慧与情感的活的载体，是活态的文化财富，一旦这种活的载体消失，非物质文化便失去了传承渠道，其传承链便发生断裂，依附于人身上的这种非物质文化就随之消失[③]。

　　① 黄标，黎代华. 保护民族文化遗产守护世代精神家园，http：//news.sina.com.cn/o/2010-01-13/160416927067s.shtml.
　　② 宋俊华. 非物质文化遗产特征刍议[J]. 江西社会科学，2006（1）.
　　③ 何星亮. 非物质文化遗产的保护与民族文化现代化[J]. 中南民族大学学报（人文社会科学版），2005（5）.

（四）非物质文化遗产传承和保护的路径

非物质文化遗产传承的路径是民众参与、身传口授。非物质文化遗产一般是集体智慧的结晶，它的存续必须依靠传承民众的广泛参与，具有很强的大众性。从具体传承路径来看，非物质文化遗产是由各族人民以口授或行为等方式，以声音、形象和技艺等为表现手段，创作并世代传承为人民群众所享受的文化，是至今还流传在民间的"活"文化。如父子、师徒口耳相传、参悟体验，通过人与人之间尤其是前辈对后辈的行为影响来实现。

保护非物质文化遗产的路径多种多样，其中既有针对非物质文化遗产产品所实施的固态保护，也有通过保护民间艺人而对非物质文化遗产实施的活态保护，具体措施包括非物质文化遗产各个方面的确认、立档案、研究、保存、保护、宣传、弘扬、承传和振兴。同时，健全的法律体系是非物质文化遗产保护根本性的制度保障；非物质文化遗产进课堂，加强对各级各类学校学生的非物质文化遗产教育是保护非物质文化遗产的一种有效途径；非物质文化遗产合理利用是保护非物质文化遗产的重要手段。当然，非物质文化遗产的保护应当充分考虑其社会效益和文化效益，在合理利用时寻求非物质文化遗产传统与需求的最佳契合点，把社会效益与文化效益有机结合起来。总之，非物质文化遗产保护的根本目的在于存续"活态传承"，不管采用什么保护方式，只要有利非物质文化遗产的活态传承就是合理的，因为非物质文化遗产与物质文化遗产差异在于它的"活态性"。

非物质文化遗产的传承和保护涉及其主体、客体、载体及路径等要素，同时非物质文化遗产的传承和保护是一个问题的两个方面，传承是灵魂，保护是根本，在传承中寻保护，在保护中求发展，二者相辅相成，共同作用演绎了非物质文化遗产健康发展之路。长期以来，由于人们对非物质文化遗产传承和保护存在许多盲区甚至误区，没有厘清非物质文化遗产传承和保护内在的运行机理，因而非物质文化遗产传承和保护面临着诸多问题，给非物质文化遗产传承和保护的实务工作造成了许多负面影响。

二、非物质文化遗产传承与保护的认识问题

非物质文化遗产是人类在历史上创造并传承至今，具有重要历史价值、艺术价值、

科学价值、文化价值，具有知识性、技艺性和技能性的文化项目。近年来，我国对非物质文化遗产保护的意识逐步增强，但在实践中，一些地方未能充分认识到非物质文化遗产保护工作在传承民族文脉、提高国家软实力和促进社会和谐发展方面的重要作用。甚至某些地方非物质文化遗产保护工作至今还没有列入各级党委、政府的重要工作日程和当地的经济社会发展规划，工作进展缓慢。有些地方的普查和保护工作目前才刚刚起步。有的地方以建名录代普查、以出书代普查，普查工作不扎实、成效不明显。如此种种，表明不同主体对非物质文化遗产的认识模糊，甚至有一定偏差，不同视角下的观点也有差异，从而对非物质文化遗产的保护工作带来不利影响。

（一）行业专家对非物质文化遗产的认识

从经济价值的角度分析，有专家认为非物质文化遗产是先人留给今人和后人的一份宝贵财富，其中蕴藏着丰富的文化价值和经济价值，在非物质文化遗产的保护过程中，应当鼓励各方对非物质遗产的活用，多手段、全方位利用非物质文化遗产中的文化价值和经济价值，使非物质文化遗产在开发人文旅游景观、促进地方经济发展中发挥积极的作用。

从学术角度来看，有些非物质文化遗产专家认为，对非物质文化遗产保护尤其是非物质文化遗产传统技艺的保护不能一刀切地都搞产业化。例如，苑利、顾军认为，非物质文化遗产究竟能否进入市场，能否进行商业化经营，应取决于该遗产原有的生存方式——原来走市场的继续走市场，原来不曾走过市场的尽量不要走市场。中国非物质文化遗产保护专家田青认为，尽管现代工业生产创造了极为丰富的现代文明，但传统手工业也不能放弃，我们应当在时代背景下把传统技艺振兴起来，在保护中发展，在发展中保护，实现可持续发展。原文化部非物质文化遗产司副司长马盛德认为，对非物质文化遗产的保护应该把握住非物质文化遗产的本真内核，否则会混淆是非，对开展非物质文化遗产保护工作极为不利，对非物质文化遗产保护需要理性、科学的认识。目前非物质文化遗产保护的环境已经发生了很大变化，不能以为文化遗产的过去式就是最合理的存在，割裂它的发展和流变，人为地将还活着的文化遗产"化石化"，更不能使文化遗产脱离其核心价值，成为徒有其表、内无神韵的伪文化景观。

漫长的历史给我们留下了丰富的非物质文化遗产，面对这笔巨大的文化财富，我们应该清楚，文化遗产是一种活态的遗产，它需要由传承人代代相传，随着时代的变迁，传承人所生活的社会也不断发展，遗产也会发生变化。如果遗产工作者仅是教条、机械地对遗产进行保护，不注意随着社会发展改变保护手段，与时俱进，为了维持原态而希望遗产一成不变，那么这种保护就成了一种过度的保护，过度的保护是不现实的，也是不科学的，过度的保护往往会桎梏经济甚至是社会的发展，并且也往往不会被社会所接受。因此，我们应该从历史和发展的角度来分析非物质文化遗产的保护问题，要保护，也要传承，还要发展。

（二）民众对非物质文化遗产的认识

诸多研究表明，民众对非物质文化遗产价值的认识、保护的态度、参与的积极性等对非物质文化遗产的保护有着至关重要的影响，有调查显示，目前非物质文化遗产的保护基本上得到了广大民众的关注，广大民众总体上对非物质文化遗产的保护持积极支持态度，但还有相当部分民众尤其是年轻一代对非物质文化遗产的一些概念还比较模糊，了解不多，对传统文化并不感兴趣，有些人的非物质文化遗产传承和保护意识淡薄，参与度较低，对其保护的重要性认识不到位，对其保护的目的不明确，由于思想意识不到位，缺乏正确的认识，大大加快了非物质文化遗产的消亡速度。但我们知道，非物质文化遗产是人类通过口传心授，世代相传的无形的、活态流变的文化遗产。保护非物质文化遗产，就是守护一个国家、民族的精神家园，也是修复民族的记忆。因此，提高非物质文化遗产保护意识，就是留住一个民族古老的生命记忆和活态文化基因的前提。

非物质文化遗产源自民间、流传于民间，对于它们的认识、评价、传承和保护都离不开民间，《中华人民共和国民族民间传统文化保护法》也明确提出了国家对民族民间文化保护实行"政府主导、社会参与"的方针。因此，在进一步提高民众对非物质文化遗产认识的同时，应积极引导民众参与非物质文化遗产的传承与保护，汲取老百姓的智慧，利用他们的地方性知识，由他们自己来设计、执行、监测及评估保护自身非物质文化遗产的方式方法，提高民众认识，使他们广泛参与非物质文化遗产的保护工作。

（三）政府对非物质文化遗产的认识

自 2002 年我国正式启动"抢救和保护中国人类口头和非物质文化遗产工程"以来，各级政府加大了对非物质文化遗产的保护力度，非物质文化遗产保护工作卓有成效地全面展开，并取得了显著的成就。然而，总体来看，目前各级政府尤其是地方政府对非物质文化遗产保护重视程度还不够，认识错位，在资金、税收等方面的鼓励和扶持力度不足，难以满足非物质文化遗产保存与发展所需的经济支撑，对非物质文化遗产传承和保护的人力和财力投入不足，普查、抢救、保护经费严重缺乏。我们知道，非物质文化遗产的保护工作是一项复杂的系统工程，需要投入大量的人力、物力和财力，而非物质文化遗产集聚地区往往是少数民族地区，经济发展相对滞后，地方财政有限，在这种情况下，很难为非物质文化遗产保护提供必要的支持。因此，没有足够的非物质文化遗产保护专项经费，难以对濒危、珍贵的民族非物质文化遗产进行优先抢救保护。

同时，有些地方政府在非物质文化遗产传承和保护的认识上还存在错位现象，主要表现为：

1. 重非物质文化遗产的经济效应，轻文化效应

近年来，各级地方政府对非物质文化遗产的申报工作非常重视，而重视的背后不乏经济利益的驱动，非物质文化遗产的物质化趋势日趋明显。因为申报非物质文化遗产，既可以提升当地的形象，又可以创造绿色 GDP，对地方政府有着极大的吸引力，甚至还出现了人为创造非物质文化遗产的闹剧。冯骥才认为申报非物质文化遗产如果和政绩或商业利益结合在一起，一定是过热的，而且热得不正常，文化遗产的第一保护人应该是政府，企业申报容易让非物质文化遗产申报商品化，这样就会服从商业规律，而不是文化规律。诚然，对于非物质文化遗产的保护而言，如果没有现代商业元素的渗入，我们很难想象某种文化遗产能够在世界范围内进行传播与发展。但是，商业元素过度地渗入，也往往会让目的迷失在手段之中。如果开发者只注重非物质文化遗产之中的经济价值，对遗产的文化价值缺乏应有的重视，结果导致开发过后的文化遗产形式与内涵分离，文化遗产中蕴藏的风俗、信仰反而在文化遗产保护大潮中快速消失。正如原文化部非物质文化遗产司副司长马盛德指出，一些地方单纯追求经济价值，大搞民俗活动，大搞文化旅游，可惜其间的文化内涵往往被忽略。我们尤其要注意，不要按照功利目的、政绩目的或经济目的，任意简单地改变非物质文化遗产项目，丧失对文化的尊重。

2. 重非物质文化遗产的政绩工程，轻内涵建设

"非物质文化遗产保护热潮掀起的 20 年，也正是非物质文化遗产消失最快的 20

年。"一位文物保护专家痛心地说。过去 20 年，我国民间小戏种从 386 种减少到目前的 200 多种。一些地方政府只注重非遗的申报，一旦申遗成功，得到国家相关部门认定后，地方政府对非物质文化遗产的保护工作则得过且过，完全注重政绩工程、形象工程，这种做法是非常令人担忧的，对此中国艺术研究院研究员田青对此也感慨颇多，他认为一些地方的申报工作轰轰烈烈，具体保护工作却难以落到实处。这说明地方政府并不清楚保护非物质文化遗产的意义所在，也是缺乏文化自觉的一种表现。

我们应该清楚，非物质文化遗产的保护工作应该是文化工程，在保护过程中应以专家为主线，大力研究文化遗产的内在深层含义，避免功利化。同时，非物质文化遗产的保护工作是一项综合性活动，应联合多方专家，群策群力，以多个领域为切入点共同保护和开发，注重非物质文化遗产传承和保护的内涵建设。

3. 名录评审重代表性，轻濒危性

目前入选的世界非物质文化遗产无不是即将消亡的各民族文化形式，随着全球化趋势的加强和现代化进程的加快，大量具有本民族特色的部分艺术形式失去了生存空间而濒临灭绝。而从目前情况来看，我国各级政府所确定的保护名录中所涵盖的非物质文化遗产项目多为各地具有较大影响、有较大知名度的代表性项目，而那些虽濒危却知名度相对较低的项目往往没有受到应有的重视，这种倾向是与我国保护非物质文化遗产的初衷相违背的。在很多濒危非物质文化遗产亟待保护而资源有限的背景下，在名录评审过程中既要重代表性，也不能轻濒危性，唯有如此，才能保持非物质文化遗产的持续性和多样性。

4. 重非物质文化遗产的开发利用，轻传承保护

目前某些地方仍然缺乏科学保护意识，重申报、重开发、轻保护、轻管理，保护措施不落实，甚至出现超负荷利用和破坏性开发，背离了实施非物质文化遗产保护工作的根本出发点。在某些地区，文化遗产的开发工作比保护工作更快，很多名录都已经出售给企业家，被冠名和大肆宣传，而在开发过程中很多保护工作也都没有落到实处。冯骥才指出，重申报、轻保护，甚至超负荷利用和破坏性开发的现象如今在全国普遍存在。许多地方申遗成功后，将其视为广告招牌，专注于挖掘非物质文化遗产的含金量，而非保护。

总之，我们还须进一步提高公众对非物质文化遗产的认识，引导社会公众高度关

注并积极参与非物质文化遗产保护，形成"非遗保护、人人参与"的良好局面。同时，转变政府部门的工作作风和工作职能，对非物质文化遗产的传承和保护达成共识，不能只追求非遗的经济效益，而要注重非物质文化遗产的文化内涵建设，去除纯物质化、功利化，既重代表性，又重濒危性，既传承保护，又合理利用，确保非物质文化遗产传承和保护目标得以实现。

三、非物质文化遗产传承与保护的生态环境问题

由于历史的变迁、社会的发展及现代文化的渗透，目前我国非物质文化遗产的文化生态环境正在发生急剧变化，资源流失严重，传承后继乏人，保护工作日益严峻，非物质文化遗产传承和保护的生态环境面临前所未有的挑战，主要表现在以下几个方面。

（一）现代文明的冲击使非物质文化遗产生态环境日趋恶化

随着现代化和城市化进程的加速，尤其是新农村建设的快速发展，人们的生活有了前所未有的变化，我国非物质文化遗产逐渐失去了原有的生存土壤，许多珍贵的非物质文化遗产生存环境受到了严重冲击。同时，随着人们生活环境、生活方式和生活理念的变化，旧的民风民俗已经很少被年轻人所接受和欣赏，城市化使城乡差别逐步减小，城市的经济关系和生活理念持续地向农村渗透，传统文明所遗传的文化符号、信息资源逐渐被扭曲，发生变异，使非物质文化遗产生存的土壤遭到了破坏。众所周知，民族独特的生产生活方式是非物质文化遗产赖以生存的土壤，由此可见，现代文明的冲击无疑加速了我国非物质文化遗产的消失。

同时，随着经济全球化的发展，外来文化的渗透也使我国少数民族民间文化生存环境受到了空前的影响。西方发达国家凭借经济技术优势，无偿掠夺经济不发达或发展中国家的悠久传统文化，使中国少数民族非物质文化遗产的流失严重，少数民族传统文化受到了严峻挑战。比如，楼兰古城最完整的资料被保存于大英博物馆，敦煌文书最完整的资料却在日本，最早发现的湖南滩头年画被德国和日本的收藏家拥有。如此种种，无不让人痛心疾首。

（二）传统艺人的减少使非物质文化遗产传承断代

随着非物质文化遗产生态环境日益恶化，尤其是不少传承人因年龄已高，其所掌握的技艺后继乏人。众所周知，非物质文化遗产主要靠"口传心授"，以人本身为载体，以声音、形象和技艺等形式为表现手段，并以身口相授而相传，但目前从事民间艺术和技艺的艺人日益减少，后继无人，众多非物质文化遗产面临灭绝的危险。

以我国戏曲为例，六十年间传统剧种减少了三分之一；消失的舞蹈类遗产二十多年来超过当时统计总量的三成，我国曾有两千多个剧种，现存活于舞台的仅有几十个；在我国所使用的八十多种少数民族和地方语言中，大约有十多种正处于濒危衰退的状态；纳西古乐、内蒙古长调，以及各民族民间的织锦、服饰、印染工艺，风筝、彩灯、皮影戏、年画、谚语、歌谣、故事等都在逐渐衰退或消失，民间文化典型器物也流失海外，不少民间技艺缺乏有效传承；又如"藏历"，它是一种在本土沿用千年的"天文历算"，是在本土星象学的基础上结合唐代的星象学，融合印度、尼泊尔、波斯的历算法而形成的一种独特的历法，在大多数农牧民的生活中成为不可缺少的东西，但据有关资料记载，目前只有八人会推算这种历法，而且大都年事已高，藏历算法也将濒临失传。

目前，我国少数民族非物质文化遗产的现状确实令人担忧，大批非物质文化遗产传承链条正在中断，非物质文化遗产面临传承断代的困境。过去开展的一些保护工作由于经费不足、设备技术落后等原因而使有关部门的整理、研究、抢救、保护工作难以进行，大量民族民间文化没有抢救到手，而一些搜集到的民族民间文化遗产资料也有许多已经老化，面临着被摧毁、流失的危险。社会生活的巨大变化又引起了民族传统文化生存环境的变迁，很多少数民族传之已久的非物质文化遗产面临着消亡的险境。正如冯骥才所说，民间文化的传承人每一分钟都在逝去，民间文化每一分钟都在消亡，抢救和保护少数民族非物质文化遗产迫在眉睫。

四、非物质文化遗产传承与保护的法制建设问题

对如何传承与保护非物质文化遗产有许多观点和看法，但非物质文化遗产的丰富性、独特性、地域性和多样性等特点决定了对其最根本的保护方式是通过立法来保护，

尤其是加强保护传承人的知识产权。正如原文化部副部长、原中国非物质文化遗产保护中心主任王文章所表示，对非物质文化遗产最根本的保护方式是立法。近年来，我国虽已基本形成了文化保护体系，但由于较长时期没有出台专门的法律法规，没有建立相应的法律、法规等制度约束、调整或保障，结果无论是政府、传承单位或传承人对非物质文化遗产保护工作往往显得束手无策，在实务中出现偏差，甚至不是对非物质文化遗产传承进行保护，而是破坏。我国拥有丰富的非物质文化遗产资源，随着非物质文化遗产开发利用工作的开展，非物质文化遗产的传承人、传承社区等权利主体与开发利用者之间的利益博弈日趋激烈，因此，加强非物质文化遗产的法律保护、明确其相关权利和义务显得十分迫切。

此前，我国已颁布了有关对非物质文化遗产传承和保护的意见和通知，如 2005 年 3 月，国务院办公厅印发了《关于加强我国非物质文化遗产保护工作的意见》，同年 12 月，国务院颁发了《关于加强文化遗产保护的通知》。近年来，由于国家有关立法部门积极推进非物质文化遗产保护立法工作，《中华人民共和国非物质文化遗产法》已由中华人民共和国第十一届全国人民代表大会常务委员会第十九次会议于 2011 年 2 月 25 日通过，自 2011 年 6 月 1 日起正式施行。同时文化部在已公布《关于实施中国民族民间文化保护工程的通知》《国家级非物质文化遗产保护与管理暂行办法》《国家级非物质文化遗产项目代表性传承人认定与管理暂行办法》等的基础上，深入调研，加快完善我国非物质文化遗产法制保护环境和中长期保护规划。2017 年 1 月 25 日，中共中央办公厅、国务院办公厅印发了《关于实施中华优秀传统文化传承发展工程的意见》，并发出通知，要求各地区各部门结合实际认真贯彻落实。地方政府结合我国非物质文化遗产的客观情形与公约的规定，针对本地非物质文化遗产特色也积极制定了一些相应的保护条例，加强了对非物质文化遗产的地方性保护和合理利用。

五、非物质文化遗产传承与保护的机制构建问题

近年来，我国各级政府虽已初步建立了非物质文化遗产的保护体系，但由于我国非物质文化遗产保护工作尚处于探索阶段，许多地方还未形成科学有效的保护机制。如有的地方"重申报，轻保护"，对列入名录体系的非物质文化遗产项目缺乏科学的保护计划和具体的保护实施措施；有些省区至今尚未安排非物质文化遗产保护项目

专项经费，或者专项经费数额不足，难以保证保护工作的正常开展；有的地方未能正确处理保护、利用与发展的关系，非物质文化遗产珍贵实物资料流失现象还未得到有效制止，破坏性开发的现象还比较严重，保护机制还不健全，具体表现为以下几个方面。

（一）非物质文化遗产的评审机制不完善

非物质文化遗产的评审机制建设主要从非物质文化遗产的申报范围、申报项目应具备的标准、申报程序、申报须提交的材料、评审方法等方面进行，目前我国已基本确立了一套评审机制，但在现有的评审过程中，往往表现为重评审轻扶持，如一位艺人曾表示："一个评委评审一次，至少是 1000 元，一年下来，得拿多少钱？就看他们天天在那里评审了，项目扶持没见着，钱可没少花。"非物质文化遗产评审机制的现状由此可见一斑。因此，我们应该按照国家有关评审标准，对各类非物质文化遗产项目进行科学认定，鉴别真伪，并在此基础上建立各级非物质文化遗产代表作名录体系，成立专门的工作机构，建立专家队伍，由民族民间文化保护办公室和专家评审委员会对非物质文化遗产项目进行评审、专业咨询和业务指导，规范评审行为，以进一步建立健全非物质文化遗产的评审机制。

（二）非物质文化遗产的监督机制缺失

由于一些地方政府受不良政绩观的驱使，只重申遗，不重保护，一旦申遗成功，对文化遗产及其传承人则不闻不问，既无科学的保护标准、严格的管理措施，也无维护与推动传承的办法，甚至完全市场化，任其开发，致使非物质文化遗产面目全非，造成新的破坏，就其根本原因，是监督机制的缺失。从对非物质文化遗产监督流程上来看，监督包括非物质文化遗产的事前监督，即对申遗的项目、对象进行监督，可以有效避免某些伪非物质文化遗产进入非物质文化遗产行列；非物质文化遗产的事中监督，即对非物质文化遗产的评审过程进行监督，体现评审的公平、公开、公正和科学的原则；非物质文化遗产的事后监督，即对已批非物质文化遗产项目的传承、保护及开发等运作状况进行监督，可有效避免非物质文化遗产承而不传、用而不护的现象，杜绝某些地方大打非物质文化遗产牌，对非物质文化遗产滥开滥用的事件发生。从非物质文化遗产监督主体方面分析，可以通过地方政府监督、非政府组织、一般民众或传承群体监管等方式进行。从非物质文化遗产监督手段上，政府主管部门建立专家督察小组，组织专家组对各地申报的国家级名录项目进行检查和监督，对进入名录的遗产长期监管，定期审核，审核结果要进入遗产管理档案，并对其保护工作进行专业指导。

（三）缺乏非物质文化遗产的退出机制

有关统计数据表明，从申遗的速度、非物质文化遗产的总体数量等方面来看，中国目前已成为非物质文化遗产大国。原中国文学艺术界联合会副主席、原中国民间文艺家协会主席冯骥才曾说，随着第三批中国国家非物质文化遗产名录推荐项目的公布（2010 年 6 月公示 349 项），届时中国国家非物质文化遗产将达到 1400 项。而目前非物质文化遗产保护普遍存在"重申遗，轻保护"的误区，根本原因在于目前我们还缺乏非物质文化遗产的退出机制，使得某些地方一旦申遗成功就大功告成，一劳永逸，有了这种潜意识，何来有效保护和利用呢？因此，很多专家学者大声疾呼：为有效保护民族非物质文化遗产项目，保持民俗传承的严肃性，建议制定国家非物质文化遗产名录的"黄牌警告"和"红牌除名"制度，对非物质文化遗产保护不力的项目和单位予以警告和摘牌，建立非物质文化遗产可上可下的退出机制。

（四）缺乏非物质文化遗产的队伍保障机制

非物质文化遗产保护工作需要大批具备一定专业素质、吃苦耐劳的人才，特别是专家，而目前这方面的人才严重不足，特别是在非物质文化遗产资源富集区的边远贫困地区尤其如此。目前我国各地还没有建立起一支比较稳定的专门从事非物质文化遗产保护的工作队伍，更多的是临时聘请相关人员来从事非物质文化遗产保护工作，这与当前非物质文化遗产保护工作的紧迫性、复杂性、繁重性很不协调，丰富的非物质文化遗产资源和短缺的保护力量之间的矛盾，严重影响了非物质文化遗产保护工作的质量和效率。冯骥才指出，我国虽然目前有 1400 项非物质文化遗产，但其中一半都是没有专家参与管理的。这就使得很多项目的保护处于混乱无序之中。因此，必须加强对当地行政管理人员和专业人员的教育培训，建立系统的管理非物质文化遗产从业人员的培训体系，提升从业人员的专业素养，加强非物质文化遗产保护的队伍建设，建立专业高效的队伍保障机制。

（五）传承机制有待进一步完善

非物质文化遗产保护非常重要的一项工作就是非物质文化遗产的传承，非物质文化遗产的有效传承只能有赖于非物质文化遗产传承人。传承人是非物质文化遗产的重要承载者和传递者，保护传承人就是保护非物质文化遗产。有些地方在这方面取得了一定的成效。如重庆建立非物质文化遗产传承人保护机制，年画民歌进课堂，对代表性传承人的传习活动给予支持，积极推进代表性传承人保护机制建立，促进非物质文化遗产名录项目可持续发展。又如云南大理白族自治州鼓励非物质文化遗产代表作传承人（团体）进行传习活动，对传承人实行定期补助，其中国家级传承人每年补助 8000 元，省级传承人每年补助 3000 元，资助他们开办"传习所"或授徒，通过社会教育和学校教育，使非物质文化遗产代表作后继有人，健全了民间非物质文化遗产传承机制。再如 2008 年，为了维护和保护羌族文化生态，文化部正式挂牌羌族文化生态保护实验区，将汶川、北川等九处羌民聚居区纳入规划，原址重建文化生态保护区，在 2010 年基本恢复重建，并在 2015 年以前完善羌族非物质文化遗产传承机制。

但从总体上来看，我国传承机制有待进一步完善，传承主体也缺乏应有的制度保障，致使某些非物质文化遗产传承断代，濒临灭绝。因此，各级政府要积极采取各种措施，建立相应的传承机制，进一步保护本民族非物质文化遗产传承人，培养一批非物质文化遗产的传习人，确保非物质文化遗产不会因为传承人的逝去而消逝，使非物质文化遗产得以延续。为了建立并完善传承机制，我们可以依托资源，高质量建设传承载体，以政府为主导，借助一定的民间力量，建设一批集展示、演出、培训、研究和交流于一体的非物质文化遗产中心，既可以丰富文化旅游资源，又可以弘扬民族民间文化；对列入各级名录的非物质文化遗产代表作，可采取命名、授予称号、表彰奖励、资助扶持等方式，鼓励代表作传承人（团体）进行传习活动；通过社会教育和学校教育，使非物质文化遗产代表作的传承后继有人；研究探索对传统文化生态保持较完整并具有特殊价值的村落或特定区域，进行动态整体性保护的方式；在传统文化特色鲜明、具有广泛群众基础的社区、乡村，开展创建民间传统文化之乡的活动。

六、非物质文化遗产的科学保护问题

为了有效地传承和保护非物质文化遗产，就必须要加强对非物质文化遗产的研究，遵循非物质文化遗产传承的基本规律，并实行科学保护。目前非物质文化遗产保护过程中之所以出现各种问题，归根结底是对非物质文化遗产认识不充分，没有进行科学的保护，主要表现为以下几个方面。

（一）非物质文化遗产传承与保护的理论和政策研究滞后

非物质文化遗产保护是一项全新而困难的工作，涉及面广、专业性强、内容丰富而复杂，目前我国有关非物质文化遗产的理论研究和政策研究还相对滞后，特别是保护工作实践中遇到的一些重大问题和新课题，缺乏相应的理论指引和政策支撑，一些相关的理论政策研究与保护工作实际结合不紧密，未能提供有针对性的指导意见。因此，需要进一步加强这方面的工作，为科学传承和保护非物质文化遗产提供理论和政策依据。

（二）科学保护体系还未完全建立

在"保护为主、抢救第一，合理利用、传承发展"的保护方针指导下，目前我国逐步形成了符合我国国情的非物质文化遗产保护体系，基本完成了第一次全国非物质文化遗产普查的工作。初步查明，全国非物质文化遗产资源总量共 87 万项。建立了较为完善的国家、省、市、县四级非物质文化遗产名录体系。2006 年和 2008 年国务院公布了两批 1028 项国家级非物质文化遗产名录，命名了国家、省、市、县级非物质文化遗产项目代表性传承人。2007—2009 年评定并公布了三批共 1488 名国家级非物质文化遗产项目代表性传承人。即便如此，但真正的科学保护体系还未完全建立，为了做好非物质文化遗产的传承和保护工作，我们还要进一步建立健全科学的保护体系，根据非物质文化遗产的特点，尤其是其相对恒定性和活态流变性特点，充分尊重非物质文化遗产的传承规律，既要保持其相对稳定，又要融入合理因子，使其在传承过程中尽量维持原态，对其进行科学合理利用，从而实现对非物质文化遗产科学有效的保护。

为此，我们要继续完善四级名录体系，保护传承人，建立文化生态保护区，采取生产性方式及运用现代科技手段对非物质文化遗产进行保护，把对非物质文化遗产的科学保护放在首要位置。按照"保护为主、抢救第一，合理利用、传承发展"的保护方针和"政府主导、社会参与，明确职责、形成合力；长远规划、分步实施，点面结合、讲求实效"的原则，以非物质文化遗产项目和传承人为核心，加强非物质文化遗产的研究、认定、保存和传播，建立科学有效传承和保护体系，科学、全面、系统地抢救和保护现存的非物质文化遗产，真正实现对非物质文化遗产整体性、系统性、全面性的保护，实现对非物质文化遗产既传承保护又科学合理利用的目标。

总之，我们还要进一步厘清非物质文化遗产传承和保护的主体、客体、载体和路径等要素的内在运行机理，提高公众对非物质文化遗产的认识，引导社会公众高度关注并积极参与非物质文化遗产的传承与保护，形成非物质文化遗产保护人人参与的良好局面。目前我国非物质文化遗产传承和保护面临诸多问题，而其核心问题是传承和保护什么、为什么传承和保护、谁来传承和保护及怎样传承和保护的问题，我们应该针对这些问题进一步加强理论和政策研究，为实际工作提供指导，科学有效地传承和保护非物质文化遗产。

思考题

1. 中国非物质文化遗产保护的形成可以划分为几个阶段？每个阶段有什么特征？

2. 进入 21 世纪，中国非物质文化遗产保护取得了哪些成就？

3. 当前，中国非物质文化遗产保护工作面临着哪些困境？请对其中一种困境，分析其产生的原因并提出你的合理化建议。

4. 列举国外非物质文化遗产保护的几种模式，并叙述其特征。

5. 中国非物质文化遗产保护方针是什么？

6. 目前中国非物质文化遗产传承与保护存在的主要问题是什么？

7. 某些地方政府对"非物质文化遗产"传承与保护存在认识错位现象的主要表现是什么？

8. 简要阐述传承与保护中国非物质文化遗产的主要目的和意义。

第一章　非物质文化遗产的定义、特征与标志

在悠悠的人类历史长河中，作为一个拥有几千年历史的文明古国，中华民族创造了丰富多彩、弥足珍贵的非物质文化遗产，这些活态文化，不仅蕴涵着华夏民族深厚的文化底蕴，更承载了民族文化渊源的基因，它与物质文化遗产共同构成中华民族宝贵的文化财富，成为全人类文化遗产不可或缺的组成部分，为人类进步发挥了重要作用。非物质文化遗产概念的提出及其项目保护工程，经历了近半个世纪的发展，通过深刻反思和科学总结创建出来的跨世纪新概念和国际性新举措，从"无形文化财"的提出到"无形文化遗产"，到"民间创作"，再到"人类'口头和非物质遗产'"，最后到"非物质文化遗产"的确定，跨越了五大里程碑，经历四次修改与完善，名称发生了多次变化，内涵也随之发生相应变化。学界关于该概念诸多方面的认识至今"仁者见仁、智者见智"，并不统一。从非物质文化遗产概念的缘起、界定、内涵、外延等领域进行详细的论述，并对研究中尚存的问题进行剖析，可以更进一步认识非物质文化遗产这一概念。

第一节　非物质文化遗产的定义

一、非物质文化遗产概念的缘起

非物质文化遗产（Nonphysical Cultural Heritage），起源于原始先民的文化创造，但关于该概念的历史渊源问题，国内学术界存在两种观点。第一种观点，白云驹认为该概念可以上溯至两个起点：一个是 1950 年日本政府颁布的《文化财保护法》中涉及"无形文化财"的提法（非物质文化遗产在日本、韩国被称为"文化财"）；另一个就是 1989 年联合国教科文组织提出的《保护民间创作建议案》（以下简称《建议案》）中关于"民间创作"（或"传统的民间文化"）的提法。第二种观点，杨怡认为该概念起源于 1972 年联合国教科文组织第 17 届会议通过的《保护世界文化和自然遗产公约》（简称《公约》）。该文件中关于文化遗产遴选标准的条款中有几条完全能涵盖非遗的特点，如"为一种传统或目前尚存活或已消失的文明提供独一无二或至少是非凡的证明""与事件或现有传统，与思想或信仰，或与具有突出的普遍意义的艺术作品和文学作品有直接或有形的联系"等。此后，部分会员国便立即发出制定民间传统文化及非遗方面国际标准文件的倡议。联合国教科文组织在 1972 年对非物质文化遗产名称进行了认定，在其第 17 届大会上讨论通过《公约》时，提交了一份关于非物质文化遗产的提案，同时还指出，"无形文化财"又称"非物质文化遗产"，至此，"非物质文化遗产"这一名称首次出现在联合国教科文组织会议文件中。1977 年，联合国教科文组织在保护遗产的文件中，将文化遗产划分为有形文化遗产和无形文化遗产两大类型。1982 年，联合国教科文组织设立了专家委员会和非物质遗产部门用以保护民间传统文化。

1984—1989 年，联合国教科文组织在第二个中期计划与预算文件中，将"保护文化遗产"项目更名为"保护物质遗产"项目，另外增设"保护非物质文化遗产"项目，二者共同构成"保护文化遗产"总项目，给予"文化遗产"扩展部分以"非物质文化遗产"的正式命名，这一举措表明联合国教科文组织已正式接受非遗的说法。但此时其成员国尚未普遍认同这一命名，如 1982 年，世界遗产委员会在墨西哥会议文件中以"民间文化"表述非遗；并在 1985 年保护民间文学政府专家第二次委员会文件中沿用此表述；1989 年联合国教科文组织第 25 届大会上则以"传统文化与民间创作"来表述"非遗"。

1997 年，联合国教科文组织与摩洛哥教科文组织在马拉喀什举行的"国际保护民间文化场所专家协商会议"上，产生了新的概念："口头遗产"，用它概括"各种各样的民间文化表达方式"。随后执行局第 154 次会议认为"口头遗产"和"非物质遗产"不可分，决定在"口头"之后加上"非物质"的限定，并在 155 次会议上制定了人类口头及非物质遗产杰出作品的评审规则。由此，"人类口头和非物质遗产代表作"的概念被确认。在 2001 年 5 月，联合国教科文组织宣布了第一批人类口头和非物质遗产代表作。2003 年，联合国教科文组织第 32 届大会通过了《保护非物质文化遗产公约》，在该公约中将"非物质文化遗产"定义为：被各群体、团体、有时为个人视为其文化遗产的各种实践、表演、表现形式、知识和技能及其有关的工具、实物、工艺品和文化场所。至此，非遗的名称和概念在国际性标准法律文件中正式确定，沿用至今。

二、非物质文化遗产的内涵

关于非遗的内涵，国内学者白云驹对此做了广义和狭义层面的深入研究，他认为，广义的非遗应该包括前人创造并遗留下来的全部口头、非物质形态的文化遗产。非物质的东西多是人为的，一般与人体相关，广义的非物质遗产除特定的口头文化（口头遗产）外，还包括人的行为文化（或人体文化、传人文化）。狭义的非遗则指联合国教科文组织所希望予以保护的范畴，即：口头传统及作为文化载体的语言，传统表演艺术，民俗活动、礼仪、节庆，有关自然界和宇宙的民间传统知识和实践，传统手工艺技能，与上述表现形式相关的文化空间。这个范畴不是一成不变的，具备一定的概念和对象的弹性。他总结性地提出，非遗的外延实际上包含三个层次：

（1）广义的与物质遗产、遗址、遗迹、文字典籍等对应的无形遗产、口头遗产、非物质遗产；

（2）狭义的以民间文学（口头遗产的重要主体和组成）、民间文艺、民俗文化、传统表演艺术、民间科技、民间技艺、民间知识、民间工艺等为内容的口头和非物质文化遗产；

（3）以狭义的非遗精华为主体，以广义的但处于濒危的非遗为补充，此二者被列入代表作名录时分别以"代表性"和"濒危性"为界定标准。

（一）以人为依托的动态传承性

任何传承都需要载体，非物质文化遗产也不例外，这个载体便是人。非物质文化遗产首先需要作为传承者的人从主观上认识到相应的技艺，通过主体的演化，成为自身技能的一部分，然后才谈得上非物质文化遗产的传承和延续。非物质文化遗产濒危，说到底就是传承人的濒危。有没有传承人，事实上已经成为判断一个传统文化是不是非物质文化遗产的基本标志。非物质文化遗产随着历史的演进，社会不断变迁，作为历史和社会的人，其身上负载的文化因素也在不断地发生变化。非物质文化遗产的传承不是一代一代地简单重复，而是在每个不同的时代吸取不同的时代因素，在动态的传承过程中不断地发展、创新和消亡。例如，羌族释比文化的传承，由于羌族是一个没有文字的民族，释比文化都靠口头传授，如果现在还有释比能原汁原味地做法事等传承释比文化，那么，羌族释比文化就是非物质文化遗产。但是，如果羌族释比传承人已经去世，再无人能原汁原味地做一套释比法事，那么，我们就不能称其为非物质文化遗产。因为作为一种动态传承，它的生命已经终结。从某种角度上来说，非物质文化遗产是一种受制于传承人主观倾向的文化遗产。

（二）附会与某一具体形式的表现形态

在 2003 年颁布的《非物质文化遗产保护公约》中，联合国教科文组织将非物质文化遗产的涵盖范围大致界定在民间文学、表演艺术、传统工艺技术、传统节日、传统仪式、传统生产知识及文化空间等几个方面。从该分类中不难发现，尽管人们通常将非物质文化遗产均定义为"看不见、摸不着"的传统文化事项。"看得见、摸得着"的东西是不能认定为非物质文化遗产的，但是其认定的过程中，却要依附于"看得见、摸得着"的传统表现形态上。例如，古琴不能被看成非物质文化遗产，但是依附于古琴的古琴艺术却能被认定为非物质文化遗产。又如，我们中国人喜欢讲忠、孝等，忠和孝是不能被认定为非物质文化遗产的，但忠、孝所表现的端午节、花甲宴却可以被认定为非物质文化遗产。由此可见，非物质文化遗产必须依附于某种"看得见、摸得着"的表现形态呈现出来。

（三）有重要价值的民族文化工程

纵观联合国教科文组织近几十年来已开展的世界文化与自然遗产名录工作，可以发现，遍及世界各地各个历史时期的遗址、遗迹、建筑和自然景观都被收入囊中。四大文明发祥地等在名录中地位显赫。而那些历史非常悠久，但长期处于原始状态、后进状态的民族，因为没有文字、也不发达，遗址、建筑物等相对简单，其文化甚至以口头相传为主，结果在名录上，他们的踪影就难得一见。难道他们就没有对人类社会有所贡献吗？当然不是，既然"遗产"是对历史的记录和认识，那么仅从历史价值和历史意义来看，无论民族的大小，他们的文化都是人类文化的财富。而非物质文化遗产代表作就是对这一类珍贵遗产的抢救和保护，是对濒危文化采取的一种记录、保存、评估、拯救、起死回生、人类共享的一项文化工程。

第二节　非物质文化遗产的特征

从非物质文化遗产的定义可知，非物质文化遗产有着与其他文化形式或文化遗产不同的特征，并越来越引起学者们的研究兴趣，非物质文化遗产也作为一个学术概念和话语形式为世人所接受。一般认为，非物质文化遗产具有以下几个特点：（1）活态性；（2）民间性；（3）生活性；（4）生态性。本书从本土文化意识的角度看，认为非物质文化遗产具有以下几个主要特征。

一、民俗性

所谓民俗，就是指民众的知识。民俗学创始人汤姆斯（W.J.Thoms）认为民俗包括古老年代的风俗、习惯、仪典、迷信、歌谣、寓言等。而非物质文化遗产就包含在历史上创造并依然流传至今的民俗中。这些非物质文化遗产可能是"被忽略的风俗习惯"，或者是"正在消失的传说"，也可能是"片段的歌谣"，或者是"民俗展演的场所"。非物质文化遗产的民俗性特点，说明我们可以用民俗学的相关理论与方法来对非物质文化遗产进行调查研究和分类。非物质文化遗产的民俗特征最突出的表现在于非物质文化遗产与民众的生产生活紧密相关。非物质文化遗产产生于历史上民众的生产生活之中，自然凝聚着民众的生活观念与文化精神，是一定民族或社区民众的行为习惯与生活规范，维系着社区的稳定与完整。保护非物质文化遗产在某种程度上说，就是对各民族传统的生活习惯与价值观念的尊重。

二、传承性

所谓传承性，指非物质文化遗产所具有的人类以集体、群体或个体的方式一代接一代继承或发展的性质。非物质文化遗产的传承性是由遗产的本质决定的。人类遗产的本质是人类的前代遗留因被后代认为具有价值而享用或传承，所以传承性是人类所有遗产的共同特点，非物质文化遗产也不例外。非物质文化遗产民俗性特征决定了其传承性、活态性特征。非物质文化遗产产生于古代，但是在"过去"消失了的文化不能算是非物质文化遗产。所以，非物质文化遗产必须是传承至今的文化。例如，桃渚镇的杂交水稻的间作，从年代上来说，它并不久远，从流传角度来讲，它也没有延续到现在，它只是水稻耕作技术的一次革新，与历史上的商鞅变法、王安石变法一样，跟非物质文化根本搭不上关系，因此，我们认为，它并不属于非物质文化遗产范畴。另外，如民间文学，相当一部分搜集到的是当代故事，或者讲述人干脆就是从《故事会》等书上看来的，这是我们应该剔除的。还有一些游艺，如掼铜钱与掼角子（角子即硬币）就有本质的区别，前者可列为非遗之列，但后者就有异议，两个游戏大同小异，但因为角子是现代的产物，不应归入非遗，如要生搬硬套，可作为前者的历史沿革写入。再如打花纸，花纸即香烟外包装纸，可以想象的是，这仅仅是近年出现的游戏，而且现在也已经灭绝，已没有人玩这个游戏了，它也是历史长河之一瞬。对于这些，我们应该有一个挑剔的眼光，不能全盘拿来。由于非物质文化遗产是民众生活中不可缺失的一部分，因此，任何一种非物质文化遗产必须被生产这种文化形式的本土民众不断继承。

三、可塑性

因为具有口头传承性，就必然有可塑性。所谓可塑性，就是可以改变，是"活态"的，它不像汉字那样，几百年甚至几千年不变，更不像实物，一旦成形，亘古不变。非物质文化遗产的这种"可塑性"，在非物质文化遗产的口头传说和表述，以及语言、表演艺术、社会风俗、礼仪、节庆及传统工艺技能等中，表现得尤为突出。它们的文化内涵是通过人的活动表现的，通过人的活动传达给受众（或物体），这一点与物质文化遗产明显不同。非物质文化遗产的"可塑性"，还体现在非物质文化遗产在传承、传播过程中的变异、创新。非物质文化遗产不管经历多少年或多少代人，它都不会脱离各族群众的生产和生活方式。随着时代的发展，以口头或动作方式相传并创造出新的文化内容，一代代下来，具有一定的可塑性。也就是，它是通过人的智慧创造出来的，对于上一代的技艺、方式可以凭着个人及集体的力量和智慧加以创新改造，进行再发展，可以说，它是一个民族、一个区域历史文化的"活化石"。

四、历史性

非物质文化遗产必须产生在历史上的民众生活之中，因此，每个非物质文化遗产都打上了一定时代、一定历史阶段的文化烙印。所以，我们对非物质文化遗产调查、分类、研究，必须有一种历史的眼光，否则，我们就无法真正认识到非物质文化遗产的价值，甚至被肤浅地意识形态化。不仅如此，非物质文化遗产还有传承时间的限定，并不是流传至今的一切文化都是非物质文化遗产。有些文化事项即使非常有价值，但是由于流传时间短，也不能列入非物质文化遗产的保护名录之中。一般来说，能够确认为非物质文化遗产的项目，在流传时间上，至少要有百年以上的历史。

五、变迁性

非物质文化遗产产生于历史之中，但它不是一成不变的，而是在历史变迁中不断发展、创新的。它既与历史相联系，又不断与历史发展的新环境、新现象相互调适，从而发生着文化的变迁。因此，非物质文化遗产也是创新的，只有不断地创新，才会与人民群众的生活实际相联系，才能得以流传至今，成为民众生活之所需。文化从本质上来说是人与环境（包括自然环境和社会环境）相互作用的产物，人正是凭借着一定的文化与其所处的环境相协调的。文化变迁理论认为，每一种文化都处于一种恒常的变迁之中，"在所有社会和文化系统中，变迁是一个常数"。因此，作为文化的非物质文化遗产也必然处于不断的变迁之中。将非物质文化遗产保护看成原汁原味、封闭的保护显然没有遵循文化发展的自身规律。我们应该在变迁的视野中看待不断变迁、创新的非物质文化遗产，从而寻求更好的保护策略。

六、民族性

所谓民族性是指任何一种非物质文化遗产都在特定的民族生产生活之中发明发展，从而具有该民族的文化特质。因此，非物质文化遗产总是属于某一个民族或民族集团。可见，保护非物质文化遗产就是保护当今文化的多样性，维持各个不同民族文化的核心价值，进而增强民族文化的自觉与民族身份的自尊。

七、情境性

任何一种文化都是人类认识自然、改造自然的产物，体现了人对环境的适应。每一种文化的形成，都显示了特定民族对环境适应能力的增强。因此，文化与其生存的环境休戚相关。文化是情境中的文化，离开其生存的情境，或者说离开了原有的文化土壤，文化将失去其固有的意义。即使保存在博物馆或展览馆，也只是"活"着的"死"文化。非物质文化遗产是活态的文化，它的"活"就在于其生存的文化情境，集文化与民众的生活于一体。从文化生存的情境来看，保护非物质文化遗产，首先要保护其生存的环境，只有这样，才能赋予非物质文化遗产以生存的价值，给它提供传承的载体，使非物质文化遗产获得无尽的养分。

第三节　中国非物质文化遗产的标志

一、世界遗产标志

1972 年 10 月 17 日至 11 月 21 日，联合国教科文组织在巴黎举行第十七届会议，通过了《世界文化和自然遗产保护公约》。1978 年，第二届世界遗产大会确定了世界遗产标志（见图 1-1）。标志中间的正方形似人的双手拱起，代表着人类的创造；外部的圆圈形状象征着大自然；方形与圆形二者流畅地相连相通，喻指人类与自然应有的和谐关系。

图 1-1　世界遗产标志

二、中国世界遗产标志

图 1-2　中国世界遗产标志

中国于 1985 年 12 月 12 日加入《世界文化和自然遗产保护公约》，1999 年 10 月 29 日当选为世界遗产委员会成员。世界遗产标志在中国使用时加入汉语的"世界遗产"字样（见图 1-2）。1998 年 5 月 25 日，中国联合国教科文组织、建设部、国家文物局在北京联合向被联合国授予《世界自然和文化遗产》的遗产管理单位颁发世界遗产标志牌。世界遗产标志开始在中国被列入《世界遗产名录》的地方永久悬挂。

三、中国文化遗产标志

图 1-3　中国文化遗产标志

2005 年，国家文物局确定了中国文化遗产专用的标志图形（见图 1-3），采用的是 2001 年在四川成都金沙遗址出土的"太阳神鸟"的金饰造型。这一金饰图案构图严谨、线条流畅、极富美感，是古代人民"天人合一"的哲学思想、丰富的想象力、非凡的艺术创造力和精湛的工艺水平的完美结合。

四、中国非物质文化遗产标志

图 1-4　中国非物质文化遗产标志

2006 年 6 月 10 日是我国第一个"文化遗产日"，在我国第一个"文化遗产日"到来之际，文化部揭晓"中国非物质文化遗产"标志（见图 1-4）。中国非物质文化遗产标志外部图形为圆形，象征着循环，永不消失；内部图形为方形，与外圆对应，天圆地方，表达非物质文化遗产存在空间有极大的广阔性；图形中心造型为古陶最早出现的纹样之一鱼纹，鱼纹隐含一"文"字，"文"指非物质文化遗产，而鱼生于水，寓意中国非物质文化遗产源远流长，世代相传；图形中心，抽象的双手上下共护"文"字，意取团结、和谐、细心呵护和保护非物质文化遗产、守护精神家园。

标志的揭晓象征着保护非物质文化遗产成为国家战略。非物质文化遗产是中华文化的重要组成部分。中国政府非常重视非物质文化遗产保护，国务院办公厅先后下发《关于加强我国非物质文化遗产保护工作的意见》《关于加强文化遗产保护的通知》；中国政府网公布了中国首批国家非物质文化遗产名录；中国非物质文化遗产保护首个国家级门户网站"中国非物质文化遗产网·中国非物质文化遗产数字博物馆"（www.ihchina.cn）正式开通。这些都表明中国非物质文化遗产的保护工作已经逐步上升到国家战略层面，变成政府主导的有计划行为，步入了全面规范的发展历程。

思考题

1. 什么是非物质文化遗产？
2. 非物质文化遗产有哪些特征？

第二章 非物质文化遗产的类别

第一节 国际上对非物质文化遗产的分类

　　人们对于非物质文化遗产的分类不可能只停留在某种固定的分类上，不可能只有唯一的、全世界所有人都毫无疑义地予以认可的、统一的、最标准的分类方法，而是要随着人们认识的深化而不断发展变化，存在着多样的分类可能性。这里，首先介绍一下联合国教科文组织有关国际文件对非物质文化遗产分类的认识和界定的演化过程。联合国教科文组织有关非物质文化遗产的国际文件中，最具代表性、权威性和法律意义的文件，无疑是联合国教科文组织 2003 年第三十二届会议正式通过的《保护非物质文化遗产公约》。据此，我们可以将联合国教科文组织对非物质文化遗产分类的认识与界定的演化过程划分为两个阶段来论述。第一个阶段是《保护非物质文化遗产公约》诞生之前，第二个阶段是《保护非物质文化遗产公约》正式通过之后。

　　在第一个阶段即联合国教科文组织《保护非物质文化遗产公约》正式通过之前，该组织的一些相关文件已多次涉及非物质文化遗产的界定及分类的问题。1989 年，联合国教科文组织通过了《保护民间创作建议案》，对"民间创作"（传统的民间文化）下了一个经典定义，其中，列举了传统民间文化（后来被表述为"人类口头及非物质文化遗产"）的主要表现形式。这一定义及对传统民间文化主要表现形式的列举，对于后来非物质文化遗产的界定及分类产生了显著而巨大的影响。

　　1998 年，联合国教科文组织执委会第 155 次会议通过了《宣布人类口头和非物质遗产代表作条例》（以下简称《条例》）。在这个文件中，复述了 1989 年《保护民间创作建议案》中对传统民间文化的界定和分类，但将"民间创作"这一称谓修改为"人类口头和非物质遗产"，并对它所包含的表现形式的种类略微做了补充。该《条例》对"人类口头和非物质遗产"的"定义"是："来自某一文化社区的全部创作，这些创作以传统为依据，由某一群体或一些个体所表达并被认为是符合社区期望的作为其文化和社会特性的表达形式；其准则和价值通过模仿或其他方式口头相传，它的形式包括：语言、文学、音乐、舞蹈、游戏、神话、礼仪、习惯、手工艺、建筑术及其他艺术。"除这些例子以外，还将考虑传播与信息的传统形式。

从上面的介绍可以看到，1989 年的《保护民间创作建议案》列举了"语言、文学、音乐、舞蹈、游戏、神话、礼仪、习惯、手工艺、建筑术"共十种民间创作的表现形式。1998 年的《条例》则在上述十种表现形式之外，补充了"传播与信息的传统形式"，使"人类口头及非物质文化遗产"即传统民间文化形式的种类达到了十一种。这既明确地表明非物质文化遗产概念的提出与其主要表现形式的分类与以往传统民间文化、艺术研究与保护之间直接的渊源关系，也可以视为《保护非物质文化遗产公约》产生之前联合国有关文件对口头和非物质文化遗产种类的划分和列举。

在 1998 年联合国教科文组织的《宣布人类口头和非物质遗产代表作条例》中，还明确地将人类口头和非物质文化遗产划分为两大类，即：一类是各种"民间传统文化表现形式"，是指上述定义中列举的语言、文学、音乐、舞蹈、游戏、神话、礼仪、习惯、手工艺、建筑术、传统形式的传播和信息等传统民间文化表现形式；另一类是"文化空间"，是某种集中举行流行与传统的文化活动的场所，或一段通常定期举行特定活动的时间。

第二个阶段开始于 2003 年联合国教科文组织第三十二届会议正式通过《保护非物质文化遗产公约》。作为国际非物质文化遗产保护领域迄今为止最有权威、影响力最大并且最具法律效力的联合国教科文组织文件，它总结和概括了此前有关传统民间创作的口头和非物质文化遗产的研究成果，同时对 1998 年的《宣布人类口头和非物质遗产代表作条例》中有关"口头和非物质文化遗产"的定义做了修正，并在其新的定义中对"人类非物质文化遗产"进行了新的分类。这一分类便是目前在各国广泛使用的将非物质文化遗产划分为五大类的分类方法：

（1）口头传统和表现形式，包括作为非物质文化遗产媒介的语言；

（2）表演艺术；

（3）社会实践、礼仪、节庆活动；

（4）有关自然界和宇宙的知识和实践；

（5）传统手工艺。

《保护非物质文化遗产公约》关于非物质文化遗产包括的上述这五个方面的归纳概括，实际上是以该公约有关非物质文化遗产的定义为依据的。非物质文化遗产是指被各社区群体，有时是个人视为其文化遗产组成部分的各种社会实践、观念表述、表现形式、知识、技能及相关的工具、实物、手工艺品和文化场所。在这里，需要注意的是《保护非物质文化遗产公约》关于非物质文化遗产的定义中，有一个重要的概念，即"文化场所"。这里所谓的"文化场所"（the Cultural Space），其实是"文化空间"，它们是同一个词语的不同译法。在后来的一些有关非物质文化遗产的国际文件的中文译本中，这一术语有时被译为"文化空间"并逐渐固定下来。它作为一种十分重要的非物质文化遗产现象，并没有出现在《保护非物质文化遗产公约》上述有关非物质文化遗产的五大类别的范围中。也就是说，在这一分类体系中，并没有明确把"文化空间"作为非物质文化遗产中的一个独立的类别。不过，我们可以发现，联合国教科文组织 2001 年公布的第一批世界口头和非物质文化遗产代表作名录，在全部十九种代表作中，便有五种属于"文化空间"现象。它们分别是：多米尼加共和国的圣灵同道文化空间、几内亚的索索·巴拉文化空间、摩洛哥的加玛广场文化空间、俄罗斯的塞梅斯基文化空间和口头文化、乌兹别克斯坦的波桑地区的文化空间。

在 2003 年公布的第二批世界非物质文化遗产代表作名录和 2005 年公布的第三批世界非物质文化遗产代表作名录中，也有一定数量的属于"文化空间"的非物质文化遗产项目。因此，无论是从公约的"定义"的规定，还是从联合国认定和公布世界非物质文化遗产代表项目的具体操作实践中，都已把某些作为传统文化表现形式的非物质文化遗产存在和展示的"文化场所"（"文化空间"）作为非物质文化遗产中的一个十分重要的类别来对待了。所以，根据《保护非物质文化遗产公约》的精神实质，它所初步建立的非物质文化遗产的分类体系，实际上包括六种非物质文化遗产的类别。即在上述五种非物质文化遗产类别之外，实际上还包括了第六种，即与前述五种非物质文化遗产表现形式相关的"文化空间"。

我们注意到，国务院办公厅《关于加强我国非物质文化遗产保护工作的意见》的《附件：国家级非物质文化遗产代表作申报评定暂行办法》第三条有关非物质文化遗产分类的界定，非物质文化遗产可分为两类：第一类，传统的文化表现形式，如民俗活动、表演艺术、传统知识和技能等；第二类，文化空间，即定期举行传统文化活动或集中展现传统文化表现形式的场所，兼具空间性和时间性。非物质文化遗产的范围包括：

（1）口头传统，包括作为文化载体的语言；

（2）传统表演艺术；

（3）民俗活动、礼仪、节庆；

（4）有关自然界和宇宙的民间传统知识和实践；

（5）传统手工艺技能；

（6）与上述表现形式相关的文化空间。

我们可以看到，这一非物质文化遗产分类体系在列举出与联合国《保护非物质文化遗产公约》基本一致的五大类非物质文化遗产形式之后，紧接着列举了第六种，即"与上述表现形式相关的文化空间。"这样，便明确地将"文化空间"作为非物质文化遗产中的一个基本类别，与前五类相并列。这是完全符合联合国教科文组织文件定义的基本精神的，而且更为完整。总之，无论是《保护非物质文化遗产公约》，还是由我国制定的《国家级非物质文化遗产代表作申报评定暂行办法》，它们对非物质文化遗产的基本种类的划分，实际上都是六大类，而不只是五大类。这六类非物质文化遗产，既可以像上面那样在同一个层面上并列，也可以分为两个层次。

一、传统文化

（1）口头传统，包括作为文化载体的语言；

（2）传统表演艺术；

（3）民俗活动、礼仪、节庆；

（4）有关自然界和宇宙的民间传统知识和实践；

（5）传统手工艺技能。

二、文化空间

非物质文化遗产的提出受到人们的高度重视，更是极大地修正了人们对人类遗产的种类和体系的认识，充实了遗产的分类体系，更符合现实保护实践的需要，同时也是人们这方面的实践与认识水平提高的必然结果。我们不应停留在《保护非物质文化遗产公约》所进行的非物质文化遗产分类体系面前止步不前，无所作为，而应根据现实的发展，根据保护实践的需要，积极探索更科学、合理、全面的非物质文化遗产的分类方法和分类体系。相信随着实践及认识水平不断提高，人们对遗产分类的认识，以及对非物质文化遗产分类的认识，都不会停滞不前，而会不断修正、完善。

第二节　我国对非物质文化遗产的分类

非物质文化遗产种类繁多，内涵丰富，表现形式多样。根据不同的依据划分出不同的类别，有的分为八类，有的分为十类等。在中国非物质文化遗产名录中非遗项目被分为十个类别，分别是民间文学，传统音乐（民间音乐），传统舞蹈（民间舞蹈），传统戏剧，曲艺，传统体育、游艺与杂技（杂技与竞技），传统美术（民间美术），传统技艺（传统手工技艺），传统医药和民俗等。每个类别的非物质文化遗产都有其不同于其他类别的特点，开展非物质文化遗产保护工作，首先应研究、了解和掌握非物质文化遗产项目类别的特点，采取有针对性的措施，这样，保护工作才能取得实效。

一、民间文学

民间文学是一种特殊的文学，是指由劳动人民直接创造并且在民间广泛流传的文学，主要是口头文学，如民间故事、民间戏曲、民间曲艺、神话、传说、歌谱、谜语、谚语等。优秀的民间文化不仅具有优越的艺术性，而且包含很多历史信息。传承和研究民间文化可以了解当地人民在某个特殊时期的生活态度、民族信仰、价值观念等。民间文学具有鲜明的口头性、集体性、变异性、传承性、直接的人民性。

二、传统音乐（民间音乐）

传统音乐是指形成并流行于民间的歌曲和器乐曲，包括民间舞蹈音乐和民间戏曲音乐。民间音乐的作者一般是有创作才能的不出名的民间艺人，他们往往既是创作者又是表演者。民间音乐具有鲜明的民族风格和地方特色，在表现手法和技巧上具有丰富性，因场合和氛围的不同而有不同的表现手法和技巧。

三、传统舞蹈（民间舞蹈）

传统舞蹈产生、流传于民间，是一种风格鲜明、为广大群众所喜闻乐见的舞蹈，它反映人民的劳动、斗争、交际和爱情生活。不同民族和地区的民间舞蹈受生活方式、历史传统、风俗习惯、民族性格、宗教信仰、地理和气候等自然环境的影响而显现出风格特色的明显差异。

四、传统戏剧

传统戏剧，中国的戏剧与希腊悲剧和喜剧、印度梵剧并称世界三大古老戏剧文化。文学上的戏剧概念是指为戏剧表演所创作的脚本，即剧本。这里所指的传统戏剧是以语言、动作、舞蹈、音乐、木偶等形式达到叙事目的的舞台表演艺术的总称，是时间艺术和空间艺术的综合，常见的表演形式有话剧、歌剧、舞剧、音乐剧、木偶戏等。传统戏剧具有虚拟性，舞台艺术不是单纯地模仿生活，而是对生活原形进行选择、提炼、夸张和美化，通过唱、念、做、打等表演手法把观众直接带入艺术的殿堂。传统戏剧的另一个特征是程式性，舞台动作的表现有一套固定的程式，在程式的规范之下又有灵活性。

五、曲艺

曲艺是中华民族各种说唱艺术的统称，是由民间口头文学和歌唱艺术经过长期发展演变形成的一种独特的艺术形式。我国仍活跃在民间的曲艺品种有 400 个左右，它们虽有各自的发展历程，但都具有民间性、群众性的艺术特征。曲艺不同于戏剧，戏剧由演员装扮成固定的角色进行表演，曲艺演员不装扮成角色，通常一个演员模仿多种人物，以"一人多角"的方式，通过说、唱，或似说似唱，或又说又唱来叙事、抒情，把人物和故事演绎出来。曲艺表演起来比戏剧简单、朴素，通常一个伴奏器乐、一个道具、一个演员就能撑起一台曲艺表演。

六、传统体育、游艺与杂技（杂技与竞技）

杂技是原始人在狩猎中形成的劳动技能和自卫攻防中创造的武技与超常体能，在休息和娱乐时，又被再现为一种自娱游戏的竞技表演，即最早的杂技艺术。每种杂技与竞技都有自身的游戏规则和艺术特点，并且带有鲜明的地域色彩，因地域的差异而有不同的规则。

七、传统美术（民间美术）

传统美术又称民间美术，是人民群众创造的以美化环境、丰富民间风俗活动为目的，在日常生活中应用、流行的美术。民间美术主要有年画、刺绣、剪纸、风筝、传统编织工艺品、中国传统玩具六个种类。年画最初是由"门神画"演变而来的，以木刻水印为主，追求拙朴的风格和热闹的气氛，通常用于增添节日气氛、美化房屋。年画的线条单纯、色彩鲜明，图案有花鸟、神话传说、历史故事、春牛等。刺绣因多为妇女所制，故又名"女红"，苏绣、粤绣、湘绣、蜀绣被称为"四大名绣"，它们被广泛地用于服装、台布、枕套、靠垫等生活用品及屏风、挂壁等陈设品。剪纸在全国各地都能看到，因其材料易得、成本低廉、效果立见、适应面广，而成为中国民间最为普及的传统装饰之一，具有代表性的风格有南方派、江浙派、北方派。风筝源于春秋时代，早期为传递信息的工具，到宋代，放风筝成为百姓喜爱的户外活动。中国的编制工艺和传统玩具品种繁多、风格各异，均具有原始文化和乡土艺术的特点，一般就地取材，物美价廉。

八、传统技艺（传统手工技艺）

传统手工技艺是指具有高度技巧性、艺术性的手工技艺，它蕴含着我国人民的智慧与创造力。传统手工技艺的现代价值不容忽视，仍在社会生产和日常生活中被广泛应用。随着人们对物质生活和精神生活要求的提高，许多传统手工技艺引入现代化的生产技术，被赋予了除使用功能以外的文化内涵。

九、传统医药

传统医药是相对于现代医学而言的，它出现在现代医学之前，是指与古代社会文化密切相关的医学实践。传统医药的实践因不同国家的传统文化继承性的差别而显示出多样性。我国传统医药理论具有较强的"整体观"和"统合观"，而使临床医学形成了独特的治疗观和行为方式，通过望、闻、问、切"四诊"从整体上把握阴、阳、表、里、寒、热、虚、实"八纲"，强调人体生理与自然环境的统一，认为"气"为万物基始，百病皆生于"气"，"气治则安、气乱则病"，一旦人体生理功能与自然环境失衡，就会由风、寒、暑、湿、燥、火"六淫"致病，综合分析各种致病因素，同病异治、异病同治，注重扶正祛邪，治标固本。

十、民俗

民俗即民间风俗，是一个国家或一个民族中由广大民众所创造、享用和传承的生活文化，它起源于人类社会群体的生活，在特定的民族、时代和地域中不断形成、扩大和演变，为民众的日常生活服务。民俗是从当地人民生活的习惯中演变、形成的，受地理环境、当地人谋生方式、历史传统的影响和制约，因而显示出浓烈的地方特色。由于民族众多，每个民族又有不同的民俗，同一民俗在不同阶段也有变化，民族间的交流会使民俗相互影响，因此我国的民俗又呈现出多元性、复合性、变异性的特征。民俗涉及的内容很多，研究的领域至今仍在不断地拓展，主要包括生产劳动民俗、日常生活民俗、社会组织民俗、岁时节日民俗、人生礼仪民俗、游艺民俗等。

🌱 思考题

中国非物质文化遗产种类包括哪些？

第三章　非物质文化遗产的价值

　　非物质文化遗产是一个民族传统文化的精髓。非物质文化遗产中含有丰富的历史资源、文化资源、审美资源、科学资源、伦理资源、教育资源、经济资源，并相应地具有认识历史、传承文化、进行审美体验、增加科学知识、培养和谐观念、扩大教育范围、创造经济收益等功能。发掘非物质文化遗产，就是对一个民族优秀传统的发掘；评选非物质文化遗产，就是对一个民族优秀传统文化的再确认；而宣传非物质文化遗产，就是对一个民族优秀传统文化的再弘扬。保护非物质文化遗产，是为人类创造新文化、新艺术、新科学、新技术保留更多的基因和种源。作为人类社会的一笔宝贵财富，非物质文化遗产具有重要的历史认识价值、艺术（审美）价值、科技价值、思想价值、经济价值。这些价值虽然未必会在所有遗产上一一体现，但应该成为非物质文化遗产所具有的普遍价值。

　　作为活态历史、文化活化石和多种学科研究的对象，非物质文化遗产具有多方面重要价值，不是单一、静止的，而是多样、动态、系统的，构成了一个多维、立体的价值体系，其中主要有历史价值、文化价值、精神价值、审美价值、观赏价值、教育价值、认同价值、科学价值、实用价值、经济价值、再生价值、纪念价值、收藏价值等。这些价值既不是完全等值的，也不是互不相干的，而是有深层与表层、历时与共时之分，有非物质文化遗产的基本价值与重要时代价值之分。

　　把历史价值、艺术（审美）价值、科技价值、思想价值、经济价值看成非物质文化遗产的基本价值，是因为历史价值、艺术（审美）价值、科技价值、思想价值、经济价值是非物质文化遗产价值的核心和灵魂，没有这些价值，非物质文化遗产基本上就失去了意义。

　　其中，非物质文化遗产的科技价值是该价值体系的价值规范，它强调了非物质文化遗产应是美好的并且能给人美感的，而不是丑陋、残忍、血腥的；思想价值是价值目标，它强调了非物质文化遗产应通过促进群体价值认同而带来民族团结、社会和谐，达到人民安居乐业的目标。经济价值则是在充分利用非物质文化遗产中的潜在经济因素的同时又增强了非物质文化遗产及其传人自我延续、自我生存的能力，从而使其更好地存续、发展下去。

第一节　非物质文化遗产的历史价值

非物质文化遗产的历史价值是指非物质文化遗产在帮助人类认识自身历史过程中所体现出来的独特价值。非物质文化遗产的历史价值大体可以分为非物质文化遗产的证史价值、正史价值和补史价值三个方面。

一、证史价值

非物质文化遗产承载着丰富的历史，是过去时代流传下来的历史财富，我们可以从中活态地认识、了解历史。无论是何种非物质文化遗产，总有其产生的特定历史条件，总带有特定时代的历史特点，通过这些非物质文化遗产，我们就可以了解到特定历史时期的生产发展水平、社会组织结构和生活方式、人与人之间的相互关系、道德习俗及思想禁忌。非物质文化遗产的证史价值，是指人类利用各种产生于各个历史时期并以活态形式传承至今的非物质文化遗产事项（如傩戏、钻木取火等），去印证历史过程中所呈现出来的某些独特价值。例如，我国上古史的复原，除利用出土文物予以解读外，基本上都是通过民间传说、神话故事、史诗古歌等非物质文化遗产事项来加以印证的。

在贵州省威宁县，苗族妇女的裙裾上镶有三道杠杠。当地人的解释是：最上面的一条代表"坝子"（山地中的平原），中间一条代表"浑水河"（黄河），下面一条代表"清水河"（长江）。他们说：原来我们苗族生活在坝子上，后来与皇帝打仗，败北后才跨过浑水河，越过清水河，来到现在这个地方。据考证，当时的黄河入海口在天津，故知苗族的原乡应在渤海北岸。这一点与远古典籍《山海经》皇帝与蚩尤曾战于冀州之野的记载可谓不谋而合。由此分析，今天的苗族多是迁徙前的古三苗的后裔，应生活在渤海北岸，后与地处中原的皇帝大战于冀州之野，兵败后才跨黄河，过长江，一路向南、向西，最后进入云贵高原，来到了现在居住的地方。苗族妇女裙子上的三道杠杠，所代表的正是他们的南迁路线。

二、正史价值

非物质文化遗产是一种"集体或个人的创造，面向该集体并世代流传，它反映了这个团体的期望，是代表这个团体社会和社会个性的恰当的表现形式"。由此可见，由于非物质文化遗产是反映了民众集体生活，并长期得到流传的文化活动及其成果，因此具有不容忽视的历史价值。其蕴含着该民族的精神风貌，是广大民众创造和智慧的结晶，是该民族绵延不绝、生生不息所赖以传承独特文化的精神家园，因此具有丰富的历史价值。非物质文化遗产的正史价值，是指非物质文化遗产在纠正历史偏谬过程中所呈现出的某种独特价值。人类自进入文字社会以来，一直都以文字记录的方式转述自己的历史。但由于统治阶级对于文字的垄断及录史者本身的局限，史书与史实之间难免出现较大误差。人们在转述这些史料时，也会因转述者个人素质的不同，造成历史文献的失实。这个时候就可以通过历史上传承下来的传说、故事、史诗、神话等各种非物质文化遗产事项，纠正录史者的偏颇，还原历史本来面目。

三、补史价值

就历史价值而言，非物质文化遗产以其民间的、口传的、质朴的、活态的存在形式，可以弥补官方正史之类史志典籍的不足、遗漏，可以揭破其讳饰。非物质文化遗产的补史价值，是指非物质文化遗产在补充、丰富历史文献的过程中所呈现出的某种独特价值。中国自春秋起即有一套完整的录史传统。一部二十四史，将中国数千年历史连续不断地记录了下来，这在世界上也不多见。但是，由于录史权主要掌握在统治阶级手中，因此，流传至今的史料也主要以记录帝王史、政治史、工艺史、体育史、经济史为主，而广大民间社会，特别是他们的文化生活，很少得到记录，从而造成民间文化史记录的缺失。这也是迄今为止中国农业史、畜牧史、科技史、工艺史、体育史、艺术史、建筑史等诸多与非物质文化遗产有关的专门史不够完善的主要原因。国外经验已经证明：只要深入挖掘，非物质文化遗产完全可以在历史中重构，特别是在文化史重构过程中发挥重要作用。

例如，藏族英雄史诗《格萨尔》是一部篇幅极其宏大的藏族民间说唱体英雄史诗。这是我国藏族人民在十一世纪以来漫长的岁月里，用集体智慧创作出来的一部极为珍贵的文学巨著。主要流传于中国青藏高原的藏族、蒙古族、土族、裕固族、纳西族、普米族等民族中，以口耳相传的方式讲述了格萨尔王降临下界后降妖除魔、抑强扶弱、统一各部，最后回归天国的英雄业绩。不但生动而形象地记录了藏族的历史、宗教观念、道德准则、审美习惯，同时也记录了这个民族传统的生活方式与生产方式、知识体系，以及他们在文学艺术上的独特表达。

非物质文化遗产的优秀程度固然与其所具有的历史认识价值有关，但这并不等于说具有重要历史认识价值者一定是遗产。在这个问题上，物质文化遗产与非物质文化遗产还是具有明显区别的。在物质文化遗产方面，无论该遗产经历过的人和事是正面的，还是负面的，都可以作为遗产受到程度不同的保护。如伟人宅邸、名人故居可以保护，地主院落、贪官府邸同样可以保护。因为他们是已故历史的一部分，它们在展示其历史认识价值的过程中，并不会对社会产生不利影响。但非物质文化遗产是以活态的方式传承于民间社会的，它在为社会提供历史认知价值的同时，也会继续影响社会。所以，它所提供的历史认知价值只能是正面的而不能是负面的。但由于保护它就会影响到社会的发展与进步，所以，即使具有重要历史认识价值，也不能视为一国遗产而对其实施政府保护。至于其历史认识价值，完全可以通过录音、录像或口述史调查等方式，将其科学记录下来，并作为重要史料加以收藏。

第二节　非物质文化遗产的艺术（审美）价值

非物质文化遗产的艺术（审美）价值，是指非物质文化遗产在帮助人类认识不同历史时期，以及不同地域间审美生成规律与演变规律过程中所呈现出来的独特价值。艺术价值不一定为所有非物质文化遗产所共有，但在通常情况下，绝大多数非物质文化遗产——如传统建筑装饰技术、绘画艺术、雕刻艺术、表演艺术等，均具有高超的艺术（审美）价值，是进行艺术研究、审美研究的宝贵资源。丰富多彩的非物质文化遗产，展示了一个民族的生活风貌、审美情趣和艺术创造力，审美价值含量极高。非物质文化遗产的审美价值主要体现在民间艺术、文学等方面。非物质文化遗产中有大量的艺术作品，是历史上不同时代、不同民族的人民劳动和智慧的结晶，是按照当时审美标准创作的艺术产品、它们能流传到今天，说明其审美水平和创造美的能力得到了历史上不同时代人们的认可、接受、赞美、欣赏，因而具有极高的审美价值，也值得今天的人们去认识、欣赏和研究。

非物质文化遗产中有许多天才的艺术创造，无与伦比的艺术技巧，独一无二的艺术形式，能深深打动人类心灵、触动人类情感。通过这些非物质文化遗产中的艺术作品，我们可以形象地看到当时的历史事件、人的生存状态和生活方式、不同人群的生活习俗，以及他们的思想和感情、艺术创作方式、艺术特点和艺术成就。

非物质文化遗产中不仅有口头文学、民间文学；表演艺术有审美价值，而且民族民间文学、社会习俗、服饰织染、红白礼仪等也普遍涉及美的内容，具有重要的审美价值。它们是不同地区、不同时代、不同民族的文化史、艺术史的活化石，是这些民族乃至人类值得骄傲的宝贵财富。因此，非物质文化遗产中的艺术资源是人类艺术之源，是不同民族艺术、文化得以发展的土壤。

非物质文化遗产中大量的文化艺术创作原型和素材，可以为新的文艺创作提供不竭的源泉，当代许多影视、小说、戏剧、舞蹈等优秀文艺作品就是从其中孕育而来的，很好地发挥了非物质文化遗产的审美再造功能，充分利用了其审美艺术价值。

一部人类非物质文化遗产保护史告诉我们，许多国家对非物质文化遗产的保护，几乎都是从艺术品的保护开始的。进入各国非物质文化遗产代表作名录的非物质文化遗产项目，绝大多数也都与该非物质文化遗产所具有的高超艺术（审美）价值有关。

艺术（审美）价值这一入选标准的设定，反映出人类社会对于审美世界的特别追求。而代表不同时代、不同地域的非物质文化遗产项目，对于研究人类社会在不同时空环境下审美观念的产生和变迁，相当重要。

在这种观念的支配下，各国在非物质文化遗产代表评选过程中，都十分看重非物质文化遗产的艺术（审美）价值。在日本、韩国等非物质文化遗产保护先进的国家级项目评选过程中，绝大多数项目的入选，都与它们所具有的独特的艺术（审美）价值有关。而我国第一批518项国家级非物质文化遗产代表作中，至少有420项非物质文化遗产代表作的入选，与它们所特有的艺术（审美）价值有关。由此也不难看出，艺术价值已经成为人们评判非物质文化遗产价值高低的重要标准。

第三节　非物质文化遗产的科技价值

非物质文化遗产的科技价值，是指非物质文化遗产在帮助我们解读人类历史上所创造的各种科技成就，并利用这些成就来创造新科技的过程中所呈现出来的独特认识价值与借鉴价值。

非物质文化遗产作为历史的产物，是对历史上不同时代生产力发展状况、科学技术发展程度、人类创造能力和认识水平的原生态的保留和反映，传承这些非物质文化遗产，是后人获取科技资料、掌握科技信息的基本途径之一；非物质文化遗产的科学价值还指某些非物质文化遗产本身就具有相当高的科技含量和内容，有较多的科学成分和因素，例如，民族传统医学药学、民族传统历法及其他民俗、民间禁忌等。

在国际气象界，二十四节气被誉为"中国的第五大发明"。二十四节气，是古人依据黄道面划分制定的，反映了太阳对地球产生的影响，属太阳历范畴。它是中华民族悠久历史文化的重要组成部分，凝聚着中华文明的历史文化精华。二十四节气在上古时代已制定，到汉代吸收入《太初历》作为指导农事的补充历法。二十四节气既是历代官府颁布的时间准绳，也是指导农业生产的指南针，日常生活中人们预知冷暖雪雨的指南针。

在人类文明发展历程中，超凡脱俗的艺术精品往往同时也代表着该时代或该地区的最高科技水平。许多艺术精品之所以价值连城，不仅仅是因为原料的珍贵，更为重要的是加工技术与加工工艺的高超。通过它们，不但可以清晰地了解各个时代、各个地域的审美情趣，同时还可以从中了解到当时当地人类社会的科技发展水平和工艺加工水平。

相传唐代的时候，有个阿拉伯商人在广州拜见一位官员。他突然发现这位官员身上有一颗黑痣居然透过薄薄的衣服显露了出来。正当他目瞪口呆的时候，官员问他："您为何盯着我的胸口呢？"阿拉伯商人忙回答："哦，我在惊奇为什么透过双层衣服还能看见您胸口的一颗黑痣。"官员听后大笑了起来，拉开衣服让商人看个仔细。原来他穿的衣服不止两层，而是五层！足见当时的丝绸纺织技艺已相当成熟。

在国际社会，世界各国都十分重视对科技类非物质文化遗产的保护，并将科学价值作为评价非物质文化遗产价值的一项重要标准。在联合国教科文组织及日、韩等国非物质文化遗产分类体系中，也都将这类具有重要科学价值的遗产事项作为非物质文化遗产的重要组成部分并给予完善的保护。如我国第一批518项非物质文化遗产代表作中，与传统工艺技术有关的项目有154项，即占总量的30%左右。随着人类遗产观念的解放，这类遗产在非物质文化遗产体系中所占的比重将会越来越大。

第四节　非物质文化遗产的思想价值

非物质文化遗产的思想价值，是指非物质文化遗产在推动社会发展、调节人际关系等过程中所体现出的某种特殊价值。非物质文化遗产鲜活、生动地传承着丰富的历史文化，是民族的生命动力、精神依托，是民族文化复兴、民族文化整体可持续发展的源泉，具有传承民族精神的重要作用和价值。非物质文化遗产的思想价值主要表现在以下方面。

第一，非物质文化遗产是一个民族传统文化的精华，是民族精神的集中体现。它在增强民族自尊心、自信心、重建民族精神方面，一直发挥着重要的作用。例如，欧洲的文艺复兴运动，之所以是从搜集民歌民谣、传说故事开始，就是因为这些非物质文化遗产承载着丰富的民族精神。一个民族要想实现民族复兴，就必须从文化复兴做起。

第二，非物质文化遗产也是一个民族集体认同的产物。它的存在不但可以有效地促进不同社会集团的文化认同，同时还是增强民族凝聚力、向心力的重要手段。从古至今，非物质文化遗产在整合族群关系、建立和谐社会的过程中，一直都在发挥着重要作用。

第三，非物质文化遗产在维系社会秩序、建立公共道德等方面一直发挥着重要作用。中国是人类历史上的四大文明古国之一，素有"礼仪之邦"的美称。历史上中国人所培养起来的各种美德，许多都通过各种传统节日、仪式，各种文学、艺术等传承至今，并影响到当代中国政治、经济、文化、礼仪等方方面面。可以说，非物质文化遗产在维持社会秩序、维系社会公德、融洽族群关系等方面所发挥的作用不可小觑。

第四，非物质文化遗产是中国当代社会道德建设的重要源泉。非物质文化遗产是一个民族传统道德的重要载体。保护非物质文化遗产，不仅仅是保护一种知识、技术或技能，同时也是在保护中华民族千百年传承下来的具有普世价值的传统道德理念。在经历了近百年的外来文化冲击后，中国人要想重建自己的新的道德体系与价值认知体系，就必须从传统道德体系中汲取营养。而作为人类文明重要组成部分的非物质文化遗产，也应该成为中国当代精神文明建设的重要参照。

人们一般认为，道德与伦理是一个概念。从词源学上看，在西方的确如此。因为"伦理"源于古希腊语"ethos"，意为品行、气禀、风俗与习惯；"道德"源于拉丁文"mos"，意为品性与风俗。所以，道德与伦理在西方的词源含义相同，都是指外在的风俗、习惯及内在的品性、品德。如此看来，在西方世界道德、伦理均指的是人们的行为规范，而且这些行为规范外化为风俗、风气、习惯，内化为品性、品格与品德。这就是说，人们的道德伦理行为、品德、品性与风俗习惯有着本然的联系，抑或说，人们的德行与民风、民俗具有最为直接也最为深层的关联。

古希腊时期亚里士多德对此有过专门的论述，伦理德行则由风俗习惯沿袭而来，因此把习惯（ethos）一词的拼写方法略加改动，就有了伦理（ethike）这个名称。在亚里士多德看来，德行不是第一本性，但养成德行首先需要一个人特有的自然基础。老虎、狮子的天性是吃肉，不论你如何耐心地劝诫，恐怕它们也不会听你的。但人不同，人可以通过潜移默化的引导而形成德行。这个潜移默化的影响便是习俗和习惯，所以亚里士多德还说，自然赋予我们接受德行的本性，而这种本性则须通过习惯完成。我们可以看出，西方世界从古希腊开始便普遍认为人们的行为规范、道德伦理及德行直接来源于风俗、民俗、习惯，并与其有着天然的关联。

非物质文化遗产在当代至少具有以下道德价值：就道德个体而言，它事关个体的名誉与自信，可以形成强烈的个体自豪感，张扬个体的生命力；就道德集体而言，它事关集体的归顺与教化，可以形成强烈的集体荣誉感，彰显集体的自觉规约力；就道德群体而言，它事关群体的繁衍与归属，可以形成强烈的族群认同感，达成群体的核心凝聚力；就国家而言，它事关国家的公正与平等，可以提升最广大民众的幸福感，进而提升国家的整体软实力。归结起来，就是"四感四力"：自豪感引发的生命力，荣誉感引发的规约力，认同感引发的凝聚力，幸福感引发的软实力。

就道德个体而言，参与非物质文化遗产项目的民众个体可以从中获得情感上的补偿、心灵上的愉悦，进而获得自我价值的确认，最终达至一种饱满与张扬的生命力。

正如上文所讲，以往我们讨论非物质文化遗产价值时基本停留在认识论层面上，思考更多的是它能带来怎样的经济效益，它能为我们提供何种历史参考，它能给人们以何种教育意义等诸如此类的问题。然而，把非物质文化遗产的价值讨论焦点放在上述问题之上，不过是现代工具理性思维的惯常认识，却根本忽略了非物质文化遗产的存在论价值，根本忘却了从非物质文化遗产的真正参与主体的存在角度来认识其价值。七旬老汉推着板车哼着当地的梆子，乡村妇女在山间小溪旁洗着衣服吆喝着民歌，为庆祝节日的人们兴致高昂地踩着高跷、扭着秧歌、舞着狮子等，他们正是通过这些形式、方式达到情感上的补偿或宣泄，获得心灵上的快乐与愉悦。从未亲临这些仪式和项目现场，没有目睹过那一张张质朴而欢乐的脸，便无法真切体味乡土民众在这些活动中所获得的那种最单纯、最真诚、最具生命活力的存在之乐，也无法真切理解非物质文化遗产对于乡土民众的存在价值。

当我们看到民间老艺人夕阳里拉着弦子、哼着梆子悠然自得时，看到乡土民众敲着大铜器狂欢自乐时，看到钧瓷艺人打磨土坯心无旁骛时，看到濒危唱腔的传承人表演时的自信与自豪时，都会产生一种深深的感动和震动，感动于他们最单纯的快乐，震动于他们最饱满的生命力。或许，只有在那种畅快淋漓之后，他们才是一个个精神饱满的个体，才能真正达到孔圣人所说的"立于礼，成于乐"礼乐相融的伦理状态。另外，非物质文化遗产的参与、民间艺术的表演也可使乡土民众获得自我价值的实现和生命价值的展示。表演是艺人才能展示的过程，同时也是他们个人价值得以体现的过程。自己卓越的才能、精湛的技艺博得了观众普遍的喜爱，对于一个普通人来说，还有什么比这更值得骄傲的呢？

就道德集体而言，非物质文化活动可以对参与其中的人们产生一种自为自觉的教化，促使人们达至一种"潜移默化、移风易俗"的道德境遇，并最终形成一种无压迫感和约束感但却能自我规约的伦理氛围。道德约束与道德自由之间的矛盾是人类发展史上迄今难以解决的悖论难题：一方面，无规矩不成方圆，人类为求得更有序、更好的发展，必然要树立大家共同遵循的道德规范；另一方面，任何道德规范必然带来一定的约束感，这就又违背了天生向往自由的基本人性。尤其是以"粗俗""简单"甚至是"野蛮"为代名词的乡土民间，似乎更是难以建立与执行所谓官方的道德伦理规范。那么，如何让人们可以自觉进入自我规约的道德伦理状态，却又不使其感到压迫和束缚呢？又如何让人们在一种自由自在的状态之下，自然而然地成为德行之人呢？其实，文学艺术、民间文艺、非物质文化遗产在此之中可以扮演很重要的角色，并且也一直在人类历史上一定程度地发挥着平衡上述道德悖论的作用。文学艺术与道德伦理具有深层关联，这在中西思想史、艺术史上都是毋庸置疑的。不论孔子"尽美而未尽善"的言论，抑或是柏拉图要将诗人戴上桂冠、洒上香水赶出理想国的行为，文学艺术发生之初，首要被人关心的不是其审美作用，而是其道德伦理作用。就拿中国古代的"乐"来讲，缘何它在中国古代尤其是先秦时期具有重要地位？就是因为先贤们看到了它在培养民众伦理德行方面的教化作用，而且此种教化不是简单的让人生厌的道德说教，而是一种春风化雨、润物无声的浸润与感染。据上古时期较早对"乐"论述的《尚书·尧典》记载："帝曰：'夔，命汝典乐，教胄子，直而温，宽而栗，刚而无虐，简而无傲。诗言志，歌永言，声依永，律和声。八音克谐，无相夺伦，神人以和。'夔曰：'於！予击石拊石，百兽率舞。'"这正是由"乐"的强烈感染力而形成的"百兽来舞、神人相和"的和谐景象。故而，古人云："礼乐相须为用，礼非乐不行，乐非礼不举。"

民间艺术、非物质文化遗产因其原生态性、群众性、生活性等特征，所以更具原初的生命力，更能彰显生命的本真状态，也就更能使乡土民众产生道德认同感，进而产生自觉的道德规约力。就道德群体而言，以非物质文化遗产项目为核心而形成的文化圈可以产生强烈的族群认同感和归属感，维系族群的心理情感，进而形成族群的核心凝聚力，为构建和谐社会提供正能量。

就国家层面而言，推行非物质文化遗产体现了国家对所有阶层文化、审美需求的关心与关注，可以借此提升最广大民众的幸福之感，进而提高国家的软实力。亚里士多德说："在各种德行中，人们认为公正是最重要的。"对于国家伦理来讲，公正同样是最为重要的，所谓公正，便是社会治理的最根本、最重要的道德原则，也是社会制度最根本、最重要的道德原则。在现代社会中，国家不仅要在政治、经济、医疗等领域体现公正，更应当在文化领域体现公正、保障平等。就目前中国的社会阶层分布来看，上流阶层和中产阶层占有的比重相当有限，乡土民众仍然是社会的主体。如何在保障乡土民众在经济、医疗等方面享有更多的权利之外，同时能够保障与满足他们的审美精神需求呢？达官贵人、上层名流有"精英文化"自然高雅，中产阶级有"大众文化"可以消遣，可乡土民众的"诗性生活"又当如何保障呢？答案便是具有浓厚乡土特质的非物质文化遗产。非物质文化遗产的推行，可以最大限度地满足最广泛民众的文娱生活和审美需求，让民众在享受物质文明的同时也享受精神文明，提升他们的幸福指数。另外，民间艺术、非物质文化遗产的丰富性和多样性所带来的民间伦理、世俗伦理可以对国家伦理进行一定的丰富和补充。它在伦理的官方资源之外开辟了一个民间源头，使伦理资源多样化和丰富化，防止官方基于政权稳定考虑的狭隘动机和出发点所导致的伦理资源内容贫瘠化、单一化的现象。民间艺术以其民间性特征，体现和反映了伦理的大众本位，抗拒伦理的政治化倾向。

非物质文化遗产的鲜活性、群众性、原初性等特征更关注个体的本真伦理生存，从而在一定程度上规避集体宏大叙事对个体的压迫。道德不是说教，伦理也不是空谈，而是对每个生命个体价值的肯定，对每个个体诗意生存的关心，对每个个体德行培养的关切，更是对每个个体向往美好生活的鼓励。非物质文化遗产具有这样的当代道德价值，保护它、推广它，实际上就是保护和珍惜我们自己的诗意生存家园。

非物质文化遗产中除包含丰富的历史文化知识、大量的科学文化知识外，还有许多极富审美价值的艺术精品，值得用这些重要的、科学的、美丽的知识和内容去进行个体教育、学校教育和社会教育。要使非物质文化遗产成为教育的一个重要领域和组成部分，使教育成为非物质文化遗产保护、传承的一条重要途径，这就需要在各级各类学校设置相关课程和专业，乃至设置系所、研究院，使广大学生了解非遗的重要性和价值；培养对非遗进行保护、传承、研究、开发、管理的专门人才；在社会上进行有关非遗价值和重要性的宣传教育，形成重视、保护、传承非遗的社会氛围，从而通过教育教学的作用更好地使非遗得到有效的保护和传承。

非物质文化遗产本身涵盖了大量的各方面知识内容，是教育的重要知识来源；非物质文化遗产中又有大量独特技艺技能可用以传授，也构成教育活动的重要内容和方面；非物质文化遗产有许多传承人，传授自己独有的宝贵技能的过程，就是教育活动的过程，而学生或受业人接受知识技能的过程，就是学习活动的过程；非物质文化遗产领域有众多以之为职业的专家、学者，他们在学校中、在社会上讲授非物质文化遗产的活动，体现的也是非物质文化遗产的教育价值。

第五节　非物质文化遗产的经济价值

非物质文化遗产具有丰厚的经济价值，是因为非物质文化遗产自身具有双重价值。首先是遗存价值，即要确保能够存活而不消亡，才可能被传承、开发、研究，这是根本的因素，是前提条件。其次是经济价值，这只有在非物质文化遗产存活的前提条件下才有可能。经济开发可以促进非物质文化遗产地区的经济发展；财政收入增加后，这些地区就有条件加大对非物质文化遗产保护资金的投入力度，扩大宣传力度，给非物质文化遗产的传承人提供更好的传承、保护、创新条件，提供更好的生活条件，使之更加安心地从事非物质文化遗产的保护、传承工作。一些发达国家已经认识到"无论是有形文化遗产，还是无形文化遗产，都应该在确保文化遗产不被破坏的前提下，尽可能进入市场，并通过切实可行的市场运作，完成对文化遗产的保护及其潜能的开发"，并实现文化保护和经济开发的良性循环互动。例如，日本、韩国积极发掘本国民俗文化资源，保护、恢复传统礼仪节庆仪式，以此吸引大批国内外游客，创造了可观的经济收入。瑞士、芬兰、英国等国极为重视保护本国的少数民族文化，给以极好的保护、传承的条件，除从维护文化生态、保护文化多样性的角度考虑外，也看到了在这些独具风情的民族地区发展文化旅游能够创造巨额经济收入。非物质文化遗产具有广泛多样的社会功能和价值，其中也包括极大的市场开发价值，因此可以合理地开发其经济价值，发挥其现实功用丰富的民族文化遗产、传统文化资源，使非物质文化遗产成为中国文化产业的优势所在。例如，非物质文化遗产中的民间文化、民俗资源就是极为重要的旅游资源。

合理利用非物质文化遗产的经济价值，科学进行生产性保护，可以大有作为。

非物质文化遗产的保护、发展可以把古典与现代、文化与经济结合起来，使传统文化在现代语境中焕发新的生机，寻找到新的生长点和发展点。

在工业社会、后工业社会中完美地传承、发展前工业社会的文化记忆，把有条件的非物质文化遗产变成文化产品，推向市场，形成文化品牌效应，把丰富的文化资源转化、发展成为优势文化产业。对于具有市场开发潜力的非物质文化遗产，如具有强大生命力、能转化为现实经济效益的民间文化形态，在采取积极保护措施的同时，进行合理开发利用，既能充分调动各方面的积极性，使非物质文化遗产得到更好的保护、继承和发展，又能产生良好的经济效益，使社会效益与经济效益双丰收。

但是，在经济开发的同时又绝对不能忘记，对非物质文化遗产的过度开发会影响、削弱它们本身的文化内涵，只有重在保护、合理开发，以展示非物质文化遗产的重要历史文化价值为立足点，才能满足现代人对古老文化的欣赏而创造经济效益，进而促进经济发展，促进社会文化进步。

对非物质文化遗产的开发，既不能过度开发、为了开发而开发，更不能纯粹为了经济效益而进行破坏性开发。要防止和拒制金钱至上、唯利是图、盲目开发、过度开发非物质文化遗产的情况，坚决反对将原生态的民族民间艺术进行商业化的肢解和变异。在某些非物质文化遗产项目的经济开发过程中，必须杜绝这种借开发之名、行毁坏之实的不合理、不合法的行为。

　　总之，在强调对非物质文化遗产进行本真性、原生态保护的同时，也要有适度的经济观念，有以开发促保护的头脑和意识。也就是说，在坚持把非物质文化遗产的保护传承放在首位的前提下，注重对非物质文化遗产的科学开发、合理利用；在确保精髓要旨、核心技艺、真实流程的前提下，顺应社会发展，满足人民需求，对有条件的非遗项目进行生产性保护，从而在非遗的保护工作中，做到遗产价值和经济价值的统一、社会效益和经济效益的统一。

　　对那些既能显示民族文化特色又有经济开发价值、市场开发前景的优势文化资源、非物质文化遗产，要敢于树立产业化的发展思路，进行科学的品牌定位、建立合理的营销战略，集中力量培育优势文化品牌，将文化资源优势转化为经济优势，充分实现非物质文化遗产的经济开发价值。

思考题

1. 非物质文化遗产有什么价值？
2. 非物质文化遗产的历史价值包括哪些内容？
3. 非物质文化遗产的艺术（审美）价值体现在哪些方面？
4. 如何认识非物质文化遗产的经济价值？

第四章　非物质文化遗产的
保护

第一节　保护非物质文化遗产的
必要性和紧迫性

一、保护非物质文化遗产的必要性

非物质文化遗产保护工作，是现代文明发展 30 多年以后，人民经过科学的反思开创出来的新措施。1972 年，联合国教科文组织意识到世界文化遗产随着岁月的流逝与社会的变迁，遭到越来越严重的破坏。1989 年，联合国考虑非物质文化遗产是人类的共同财富，是各个国家和民族文化身份的象征，对社会、政治、经济、文化等各个方面有重大的意义，是现代文化的重要组成部分。而非物质文化遗产因其具有不稳定性甚至消失的可能性，因此保护与传承非遗，就是加深人们的文化记忆，抛弃传统文化遗产，只会动摇国家的根基，就像一个人失去了灵魂。只有浇灌好传统文化这个根，才能为人们的文化创造提供源源不断的营养。这是人类为了后代子孙的福利必须承担起的责任。

中国文化遗产蕴含着中华民族特有的精神价值、思维方式、想象力，体现着中华民族的生命力和创造力，是各民族智慧的结晶，也是全人类文明的瑰宝。保护文化遗产，保持民族文化的传承，是连接民族情感纽带、增进民族团结、维护国家统一及社会稳定的重要文化基础，也是维护世界文化多样性和创造性，促进人类共同发展的前提。加强文化遗产保护，是建设中国特色社会主义文化，贯彻落实科学发展观和构建社会主义和谐社会的必然要求。非物质文化遗产作为珍贵的遗产，具有重要的文化、科学、艺术、历史价值。例如，司马迁撰写的史记五帝本纪，就是在历史传说、神话故事等非物质文化遗产的基础上形成的。非物质文化遗产体现了民族生活方式和精神信仰，保护非物质文化遗产，就是保护文化的多样性。让中国文化这块宝藏始终璀璨夺目，富余充盈。

（一）非物质文化遗产是连接各民族感情的纽带，是维护国家统一的基石

我国是一个统一的多民族国家，在五千多年的文明史中，五十六个民族在长期的生产、生活实践中，创造了光辉灿烂的中华文化，中华文化的特点是多元一体，非物质文化遗产与物质文化遗产共同构成中华民族的文化财富，成为全人类文化遗产不可或缺的组成部分。它在人与自然之间、民族与民族之间、各民族群体与个体之间建立起一种秩序，是各民族精神与情感的纽带。加强非物质文化遗产的传承和保护，利于各民族的交流与沟通，利于缓解和解决民族矛盾，促进民族融合，维护国家的统一。因此，非物质文化遗产是连接我国各民族感情的纽带，是维护国家统一的基石。

例如，《妈祖信俗》成功入选世界人类非物质文化遗产代表作名录，成为我国首个信俗类世界遗产，为妈祖文化的大发展、大繁荣，也为海内外炎黄子孙的大交流、大团结提供了新的历史机遇。妈祖文化传承妈祖立德、行善、大爱的精神，是中华民族优秀文化的重要组成部分，是连接海内外华人华侨的精神纽带。同时，海峡两岸妈祖信众通过联谊会、学术论坛、信俗表演等多种方式共同庆祝《妈祖信俗》成功申遗，见证了民族同胞感情的凝聚和力量。《妈祖信俗》申遗成功，是民族情感凝聚的力量使然，也是增进两岸交流、互信合作的新机遇，更是中华民族实现伟大崛起的软实力表征。

（二）非物质文化遗产可以增强民族的文化自觉和文化认同

非物质文化遗产定义中一个重要概念就是文化认同感，非物质文化遗产具有丰富的社会、历史、文化内涵。如谈到羌族文化，人们就会想到羌绣、羌笛、碉楼等民间传统工艺，羌歌、羌舞优美的旋律和舞姿，就会联想到羌族语言、服饰、生活习俗等

内容。从民族学、人类学的视角看，非物质文化遗产在一定意义上是一个民族的标志，而民族又是非物质文化遗产的载体，凝聚着该民族对自身文化的认知和现实感受，反映了这个民族最深层的精神追求和行为准则，使个体对群体建立起一种认同感、归属感和自豪感，从而增强群体的凝聚力，使社会公众自觉参与到非物质文化遗产保护中，文化自觉和文化认同是做好保护工作的基础。由于政治或经济等原因，从整体范围来看，非物质文化遗产传承与保护是不均衡的，某些相对弱小的文化正在逐渐消亡。因此，采取积极的政策和措施来保护非物质文化遗产，增强民族的文化自觉和文化认同感具有非常重要的现实意义。

（三）非物质文化遗产有利于维护文化多样性、文化生态空间完整性和文化资源丰富性

联合国教科文组织成立以后，一个很重要的任务就是保护和弘扬文化的多样性。2001 年，它通过了《文化多样性宣言》，在《文化多样性宣言》和《保护非物质文化遗产公约》里，文化的多样性都被比喻成生物的多样性，因为人类的文化创造和遗存，就好像人类的基因，包含了过去世代累积的信息和发展的可能性。民族文化是一个民族在认识和改造世界过程中形成的，是一个民族精神的体现。非物质文化遗产可以展示丰富多彩的民族传统文化，促进人们树立正确的文化生态观，尊重和欣赏他人的民族文化，使各民族文化得到多元化发展，文化多样性中可能存在潜在的文化财富可供利用，如充满异域风格的艺术能够使人们在审美时产生新颖的愉悦感。同时，非物质文化遗产的传承和保护也强调文化生态空间的完整性，实行整体性保护，在全民范围内树立和提高对整体性文化的保护意识，只要是能体现人类在特定时空内的文化形态及其创造力的，都应给予研究并注意保护。总之，抢救和保护少数民族非物质文化遗产就是要保护各民族的优秀传统文化，保持文化多样性、文化生态空间的完整性和文化资源的丰富性，这对于我国很多后继乏人、面临消失的少数民族文化的存在和发展具有十分重要的意义。

（四）非物质文化遗产是维持文化生态平衡的手段，是维护文化身份和文化主权的依据

我国非物质文化遗产蕴含了中华民族特有的精神价值、思维方式、想象力和文化

意识，非物质文化遗产的生存有赖于其文化生态环境的健康平衡发展，而文化生态的平衡又依赖于文化多样性的存在，但在经济全球化快速发展的背景下，许多非物质文化遗产正以空前的速度走向消亡，文化生态平衡遭到了严重的破坏。加强非物质文化遗产的传承和保护迫在眉睫，这也是维持文化生态平衡的重要手段。

同时，一个国家或民族的特色，其实质就是文化特色（原生态文化），它的形成由许多不同的文化分子所构成，而每个不同的文化分子一定有不同的文化基因。非物质文化遗产是中华民族永恒的精神财富，它蕴含着各民族文化的本体特质，对它实施保护，就从根基上保护了各民族的文化特色，虽然它的某些内容也许会随着生产、生活方式的变迁而失去意义，而它的精神却超越时空。在厚重而又多样、统一而又多元化的文化演进历程中，非物质文化遗产传承着中华民族独特的文化风貌和民族精神，它是维护我国文化身份和文化主权的基本依据。

（五）非物质文化遗产有利于打造文化品牌，促进文化产业发展

非物质文化遗产具有双重价值：一是存在价值，包括历史、艺术和科学价值，具有研究、观赏和教育意义；二是经济价值，包括直接和间接的。存在价值越大，潜在的经济价值也越大，转化的直接经济效益也就越大。非物质文化遗产蕴含着丰富的文化因子和素材，它们能够为文化工作者提供创作灵感和材料，使文化工作者能够创作出体现民族独特风格和优秀价值观的文化产品，从而为打造出强大、特色的文化产业提供有力支持。因此我们要加强保护和利用非物质文化遗产，依托非物质文化遗产资源，高质量建设传承载体，展示特色，重点打造非物质文化遗产品牌，充分发挥非物质文化遗产的潜能，认真挖掘非物质文化遗产的存在价值和经济价值，从中创作和生产出具有特色和魅力的文化产品，把有价值的非物质文化遗产打造成地方的文化品牌，形成由传统文化产业、新兴文化产业和相关文化产业组成的完整的文化产业体系，促进文化产业发展壮大。

（六）非物质文化遗产有利于缓解现代危机，促进社会健康发展

全球化和现代化给社会带来了巨大的变化，同时也产生了许多问题和危机，诸如贫富差距加大，毒品、赌博泛滥，艾滋病蔓延，恐怖主义等问题困扰着当今社会。面对日益严重的各种社会问题，我们必须寻找各种智慧和资源来解决经济全球化所不能解

决的问题。少数民族非物质文化遗产作为人类祖先在悠久的发展历史中总结和创造出来的成果，它们使人类在规范社会秩序、处理人与自然和宇宙关系、治病强身等方面都有着独特的思维方式和处理技巧，对缓解现代危机，促进社会健康发展起到积极的作用。

（七）非物质文化遗产有利于文化交流与合作，维护世界和平发展

文化具有独特性，是一个民族的历史成就和基本识别标志，同时文化又具有普遍性，它是不同文化的民族之间增进理解、促进交流的重要手段之一，尊重文化多样性和促进不同文化的民族间开展沟通是世界和平与发展的重要保证。如果只看到文化的独特性，那么人类将充满文化冲突和文化对抗，而文化的普遍性将使不同文化间的交流与合作成为可能，有利于世界的和平发展。2003 年联合国通过《保护非物质文化遗产公约》也指出，非物质文化遗产是密切人与人之间的关系，以及他们之间进行交流与了解的要素，它的作用是不可估量的。我们抢救和保护少数民族非物质文化遗产就是要让人们认知它、了解它，促进不同文化之间的交流。

联合国教科文组织曾指出，对于许多民族来说，非物质文化遗产是本民族基本的识别标志，是维系社区生存的生命线，是民族发展的源泉。我国是一个统一的多民族国家，各民族创造了丰富多彩的文化遗产，这是中华民族智慧与文明的结晶，是连接民族情感的纽带，是维系国家统一的基石，是民族的精神归宿和寄托，是民族进步的原动力。因此，科学合理地传承和保护非物质文化遗产具有重要的意义。

二、保护非物质文化遗产的紧迫性

"1972 年 10 月 17 日至 11 月 21 日,在巴黎举行的联合国教科文组织第 17 届会议,关注到全世界文化遗产和自然遗产越来越受到破坏和威胁的问题。一方面，因年久腐变失修所致，另一方面，则因为急剧变化中的社会和经济条件使破坏情况更加恶化，造成了难以弥补的损害和破坏。任何文化遗产或自然遗产的损坏或丢失都会造成全世界遗产枯竭的有害后果。"[1]

---

① 乌丙安. 非物质文化遗产保护理论与方法. 北京：文化艺术出版社，2016.

由于历史的变迁、社会的发展及现代文化的渗透，目前我国非物质文化遗产的文化生态环境正在发生急剧变化，资源流失严重，后继乏人，保护工作日益严峻，非物质文化遗产的保护面临前所未有的挑战，主要表现在以下方面。

（一）现代文明的冲击使非物质文化遗产生态环境日趋恶化

随着现代化和城市化进程的加速，尤其是新农村建设的快速发展，人们的生活有了前所未有的变化，我国非物质文化遗产逐渐失去了原有的生存土壤，许多珍贵的非物质文化遗产生存环境受到了严重冲击。同时，随着人们生活环境、生活方式和生活理念的变化，旧的民风民俗已经很少被年轻人所接受和欣赏，城市化使城乡差别逐步减小，城市的经济关系和生活理念持续地向农村渗透，传统文明所遗传的文化符号、信息资源逐渐被扭曲，发生变异，使非物质文化遗产生存的土壤遭到了破坏。众所周知，民族独特的生产生活方式是非物质文化遗产赖以生存的土壤，由此可见，现代文明的冲击无疑加速了我国非物质文化遗产的消失。另外，随着社会条件的变迁、技术的发展使一些非物质文化遗产不能适应社会发展的需要而逐渐被人们所忽视。随环境的变化，许多口头文化遗产正在消失，如全国现在只有几个偏远村落还保留着说满族口语的习惯，而且使用频率正逐渐降低；大地震后，能够说羌语的人也越来越少。

同时，随着经济全球化的发展，外来文化的渗透也使我国民族民间文化生存环境受到了空前的影响。西方发达国家凭借经济技术优势，掠夺经济不发达或发展中国家的悠久传统文化产品，使中国民族非物质文化遗产的流失严重，民族传统文化受到了严峻挑战。

而地方常常是开发为主，经济效益第一，以"保护"拉大旗，将非物质文化遗产当成了"标签"和"摇钱树"，进行过度的或不当的开发利用，实则是文化搭台，经济唱戏。例如，非物质文化遗产刚刚公示，网上抢注成风，然后纷纷出售给企事业单位，被冠名和大肆宣传。这样做无异于把原生态的非物质文化遗产撕成碎片，各取所需，既让我们的非物质文化"流血"又让它"流泪"。正如乌丙安老师在《我国非物质文化遗产保护面临的挑战》中所指出的那样，近些年来，一些地区在城市改造、房地产开发、日常生活的时尚追求等方面尤其崇洋媚外，摒弃传统。在一些地区，传统农耕古村落的大拆大毁、全面改造的农村"城市化"运动、"拆土楼、改洋楼、建超市"的大开发已经抢滩登陆了。一些基层农村干部和乡镇官员已经做好了全面毁改中国式故乡家园的准备，许多古老的文化遗产，无论是物质的还是非物质的，连同它们的文化根基，都面临着一场前所未有的洗劫。2018 年 11 月在四川绵阳召开的"全国非物质文化遗产与文创高峰论坛"上，与会专家发出警示，"急功近利地进行非物质文化遗产保护，势必糟蹋其本质，加快珍贵文化的消亡速度"。

（二）传统艺人的减少使非物质文化遗产传承断代

随着当前经济全球化和城市化进程及新农村建设的加快，许多珍贵的非物质文化遗产受到严重冲击，非物质文化主要是依赖口传心授的方式得以延续和传承，而民间艺人是"活态传承"的主体，"人在艺在，人去艺亡"。特别是不少传承人因年事已高或后继乏人，其所掌握的技艺随时都有可能失传。

众所周知，非物质文化遗产主要靠"口传心授"，以人本身为载体，以声音、形象和技艺等形式为表现手段，并以口身相授而相传，但目前从事民间艺术和技艺的艺人日益减少，后继无人，众多非物质文化遗产面临灭绝的危险。

以我国戏曲为例，六十年间传统剧种减少了三分之一，我国曾有两千多个剧种，现存活于舞台的仅有几十个；消失的舞蹈类遗产二十多年来超过当时统计总量的三成；在我国所使用的八十多种少数民族和地方语言中，大约有十多种正处于濒危衰退的状态；纳西古乐、内蒙古长调，以及各民族民间的织锦、服饰、印染工艺，风筝、彩灯、皮影戏、年画、谚语、歌谣、故事等都在逐渐衰退或消失，民间文化典型器物也流失海外，不少民间技艺缺乏有效传承；又如"藏历"，它是一种在本土沿用千年的"天文历算"，是在本土星象学的基础上结合唐代的星象学，融合印度、尼泊尔、波斯的历算法而形成的一种独特的历法，在大多数农牧民的生活中成了不可缺少的东西，但据有关资料记载，目前只有八人会推算这种历法，而且大都年事已高，藏历算法也将濒临失传。非物质文化遗产的保护需要靠一代又一代人的传承，传授方式基本上是口传心授，这种文化的继承与扩散方式的持续性本身就很容易受到外界因素如继承人的影响，特别是市场经济的侵蚀。曹氏风筝的传承人孔令民说，徒弟也要吃饭，这是一个很现实的问题。他举了个例子，一个大学生，起码要挣两三千块钱，但做风筝挣不了这么多钱，带徒、带艺比较难，收高质量的徒弟有困难。

目前，我国众多民族非物质文化遗产的现状确实令人担忧，大批非物质文化遗产传承链条正在中断，非物质文化遗产面临传承断代的困境。过去开展的一些保护工作由于经费不足、设备技术落后等原因而使有关部门的整理、研究、抢救、保护工作难以进行，大量民族民间文化没有抢救到手，而一些搜集到的民族民间文化遗产资料也有许多已经老化，面临着被摧毁、流失的危险。社会生活的巨大变化又引起了民族传统文化生存环境的变迁，很多少数民族传之已久的非物质文化遗产面临着消亡的险境。正如冯骥才所说，民间文化的传承人每分钟都在逝去，民间文化每一分钟都在消亡。抢救和保护中华民族非物质文化遗产迫在眉睫。

第二节　非物质文化遗产保护的指导思想、基本方针和总体目标

　　世界各个国家非物质文化遗产的保护工作大多数都有根据本国实际情况确定的指导思想、基本方针与总体目标。主导世界遗产保护工作的联合国教科文组织，虽然没有对非物质文化遗产保护的指导思想、基本方针和总体目标进行明文规定，但在其公布的《保护世界文化和自然遗产公约》等相关文件里也有集中反映。

一、世界非物质文化遗产保护的指导思想、基本方针和总体目标

　　指导思想：任何文化或自然遗产的坏变或丢失，都有使全世界遗产枯竭的有害影响；无论哪个民族或国家的遗产，都属于人类遗产而对全世界人民都很重要；具有突出的普遍价值或特殊价值的遗产，更需要作为全人类世界遗产的一部分加以保护；在遗产保存受到严重威胁的当今社会，国家一级的保护工作不够完善，整个国际社会有责任通过集体性援助参与保护具有突出的普遍价值或特殊价值的世界遗产，从而为全人类文化的可持续发展做出贡献。

　　基本方针：采取公约形式，通过具有国际法效力的规定，为国际性的"集体保护具有突出的普遍价值的文化和自然遗产建立一个根据现代科学方法制定的永久性的有效制度"。

　　总体目标：通过国际协作保护和国际一级保护相结合的方式，使得具有突出的普遍价值或特殊价值的世界非物质文化遗产得到完善保护，从而得以永久保存人类的珍贵文化资源，维护世界文化的多样性，提高人类的创造力，促进人类和平、可持续发展。

二、中国非物质文化遗产保护的指导思想、基本方针和总体目标

《国务院关于加强文化遗产保护的通知》阐明了中国政府非物质文化遗产保护的指导思想、基本方针和总体目标。

指导思想：坚持以邓小平理论和"三个代表"重要思想为指导，全面贯彻和落实科学发展观，加大非物质文化遗产保护力度，构建科学有效的非物质文化遗产保护体系，提高全社会非物质文化遗产保护意识，充分发挥非物质文化遗产在传承中华文化、提高人民群众思想道德素质和科学文化素质、增强民族凝聚力、促进社会主义先进文化建设和构建社会主义和谐社会中的重要作用。

基本方针：非物质文化遗产保护要贯彻"保护为主、抢救第一、合理利用、加强管理"的方针。坚持保护非物质文化遗产的真实性和完整性，坚持依法和科学保护，正确处理经济社会发展与非物质文化遗产保护的关系，统筹规划、分类指导、突出重点、分步实施。

总体目标：通过采取有效措施，使非物质文化遗产保护得到全面加强。到 2020 年，初步建立比较完备的非物质文化遗产保护制度，文化遗产保护状况得到明显改善。到 2030 年，基本形成较为完善的非物质文化遗产保护体系，具有历史、文化和科学价值的文化遗产得到全面、有效的保护；保护非物质文化遗产深入人心，成为全社会的自觉行动。

第三节　非物质文化遗产的保护方法

一、非物质文化遗产的调查认定

（一）开展全国性非物质文化遗产大普查

开展全国性非物质文化遗产大普查，是各国保护非物质文化遗产的前提和基础。2005 年 6 月至 2009 年 11 月，我国文化部开展了中国首次非物质文化遗产全面普查活

动并基本结束。这次大普查是掌握我国非物质文化遗产蕴藏状况和了解民情的重要方式；普查资料和数据既是分析国情、制定文化政策的重要依据，也是非物质文化遗产抢救保护的基础。它有利于非物质文化遗产的抢救、传承保护和建立机制，有利于加快非物质文化遗产保护立法工作，对建设社会主义先进文化、落实科学发展观，实现经济社会的全面、协调、可持续发展都具有重要和深远的意义。

非物质文化遗产普查是对现在还在流行的各类非物质文化遗产形态、作品，优秀的非物质文化遗产传承人，进行调查、登记、采录、建档工作，并按照全国统一编码进行登记并分级建档。凡具有历史、科学、艺术价值的非物质文化遗产均在普查和保护之列。非物质文化遗产普查工作必须坚持马克思主义唯物史观为指导思想，应客观、科学地看待和分析非物质文化遗产的发生、发展，以及在漫长的历史进程中出现的种种现象。坚持充分尊重民众的创造性，以全面性、代表性、真实性为普查的指导原则。所谓全面性，是指普查中要避免主观主义和教条主义，要进行兼顾城乡、不同人群的全面调查、采录和以往调查成果的核证利用。所谓代表性，即在掌握全面普查情况的基础上，力求抓住民间文化现象中主流或主要的形式、作品、类型、民俗现象，注重去粗取精，选出在当地群体社会中有较大影响的代表项目，重点深入调查。所谓真实性，是指普查时要忠实地采录讲述者讲述的原貌，按照民间文化作品和民俗表现形态，保持原状、不加修饰和不加歪曲地将其记录、描述下来。只有符合这"三性原则"的普查和采录成果，才是真实而有价值的，才能经得起历史的检验。

普查工作按普查准备阶段、实地普查阶段、普查总结阶段三个基本步骤实施。通常，编制《普查工作手册》是普查工作的第一步。这项工作将直接关系到普查工作的质量。冯骥才曾经讲过，遗产的普查，要"大到教堂，小到汤匙"。通过拉网式普查，将各地遗产打捞上来，从而对本国遗产做到心中有数，这是各国政府的重要责任。但有一点我们必须清楚，遗产的普查虽然需要小到"汤匙"，但这并不是说其最终结果要将所有的"汤匙"打捞上来。我们究竟需要将什么档次的遗产打捞上来，需要具体问题具体分析，并通过一系列标准的制定体现出来。这就像捕鱼，想要大鱼，网眼就大些；要小鱼，网眼就小些。例如，要在全国将县级以上的遗产资源普查出来，这时的"网眼"（标准）就要小些。如果想将省级或国家级遗产普查出来，"网眼"就要大些。

以县级遗产调查为例，我们的调查成果至少要包括以下几个方面。

（1）本县十种或数种最重要的民间文学体裁（如传说、故事、叙事诗、史诗等）或民间文学题材（如有关羌族碉楼的传说故事等）。

（2）本县最重要的十种或数种表演艺术（如戏曲类的皮影戏、木偶戏、地方小戏等，曲艺类的民间说书等）。

（3）本县最重要的十种或数种传统民间工艺技术（剪纸、年画、木雕、石雕的制作技艺等）。

（4）本县最重要的十种或数种传统节日（传统保持较好的民俗节日，特别是当地独具特色的地方性传统节日，如羌年等）。

（5）本县最重要的十种或数种传统仪式（如羌族人的祭山仪式、祭天仪式及人生仪礼等）。

（6）本县最重要的十种或数种传统生产知识（主要指当地独特的农林牧副渔各产业的生产知识，如黑山法狩猎知识与技能等）。

（7）本县最重要的十种或数种传统生活知识（主要指当地独特的服饰制作知识、食品加工知识、传统建筑技术等，如碉楼建筑知识与技巧等）。

（8）本县最重要的十个或数个文化空间（主要指原生状态保持得比较好的传统村落、历史街区等）。

（9）本县最著名的十个或数个自然遗产地（主要指本县最著名的风景名胜区、自然保护区）①。

普查结束，将根据非物质文化遗产的登记、分类、整理对普查的结果系统化、规范化、档案化，确定非物质文化遗产保护名录和不同的保护级别。开展普查将这些文化资源打捞上来，对于了解一地的文化遗产，创造一地的旅游品牌，显然是十分重要的。而且，这项工作除可取得预期的普查成果外，还可以总结出一套行之有效的做法，培养一批专业的普查人才，并为今后的非物质文化遗产申报工作做出很好的铺垫。

（二）主要调查认定方法——田野调查法

田野调查法也称田野作业或实地调查法。田野调查法是非物质文化遗产研究者获得资料最主要、最基本的调查方法，是非物质文化遗产研究者深入民族地区体验、观察和调查访问，取得所需要的研究资料，并根据研究资料进行分析研究的方法②，是民族学、文化人类学学科的基本方法，也被社会学、民俗学等人文学科引进。在民族

---

① 苑利：灾区重建过程中如何避免羌文化的终结. 中国非物质文化遗产数字博物馆, http://www.ihchina.cn/inc/detail.jsp?info_id=1555 / 2008.

② 李明峰. 民族地区的领导干部应学点田野调查方法. 创造, 2005（12）.

学学术术语中，实地调查法通常称为"人类学田野工作"（Anthropological Field Work）。实地调查是获取研究资料的最基本途径，是"民族志"（Ethnography），即"记述民族学"（Descriptive Ethnology）架构的源泉。1990 年春由日本神奈川大学的福田亚细男教授在开展中日民俗联合考察项目时将该方法介绍到中国。田野调查法体现实事求是的原则，它要求客观、真实地反映民族文化的本来面貌，是民族学、民俗学、人类学等众多学科获取第一手资料不可或缺的调查方法。

非物质文化遗产实地调查以非物质文化遗产表现形式、文化空间为对象，以社区为单位，以非物质文化遗产历史传承、存续状况、文化生态、保护工作为主要内容，运用文化人类学实地调查方法，获取有价值的研究、保护基础资料。

1. 田野调查法实施的缘由

我国非物质文化遗产多起源于远古时代，在经历漫长的历史发展过程后，形成了今天种类繁多、内涵丰富的文化艺术表现形式。非物质文化遗产主要包括那些以非物质形态存在的与群众生活密切相关、世代相承的传统文化，其中许多以口头传承的方式保留至今，而并无史料记载，如不深入民间百姓生活，是很难得到真实可靠的原始资料的。因此，田野调查法是了解少数民族非物质文化遗产资料的重要调查方法。民族学研究者通过田野调查，直接与当地人交流，通过学习当地的语言和思维方式，可以发现许多书本上没有或至今还未有文献资料记载的非物质文化遗产，以自己的所见所闻和亲身体会，更加深刻地了解民族地区的政治、经济、文化、风俗等综合情况。这些田野调查所获得的准确、翔实、原汁原味的非物质文化遗产，也成为后续研究的坚实基础和可靠资料来源。

在现代，城市化进程的快速发展、科学技术的不断进步，以及由此所带来的外来文化的强烈冲击，都使民族地区许多非物质文化遗产面临后继无人、文化意识淡化的传承、发展困境，甚至有些还处于濒临消失的危险。因此，抢救和保护非物质文化遗产已刻不容缓。开展田野调查工作，挖掘、发现流传于民间的非物质文化遗产，才能够摸清家底，了解它们目前所处的发展状况，分轻重缓急，开展保护工作，尽可能挽救那些濒危非物质文化遗产，确保优秀民族文化的传承发展。非物质文化遗产田野调查的主体是田野作业人员，他们采取不同的调查方法，深入民族地区百姓生活之中，收集整理非物质文化遗产资料。通过田野调查，研究者可以直接获得非物质文化遗产的原始形态（一种客观的真实存在）。非物质文化遗产的整理是田野工作研究者们在对民族地区人们调查的基础上，从最初形成的感性认识提升到理性认识的研究过程。因为，田野调查的对象由于种种原因而自身无法将这样一种文化遗产自我呈现出来，就需要借助研究者们的主观认识来完成这个提炼的过程。由于田野工作研究者们长年开展实地调查，具有发现、挖掘各民族地方传统文化的丰富经验，以及能够以科学的态度深入地理解民俗被民众所创造与传承的生活依据①。因此，非物质文化遗产的挖掘和确认过程，在很大程度上也就是田野调查过程。在调查中，如何发挥调查者的主观能动性进行发掘是一个非常重要的问题②。

2. 田野调查法的实施步骤

对民族地区非物质文化遗产进行田野调查过程中，主要分四个阶段进行。

（1）准备阶段。即在进行田野调查工作前，必须做好前提准备，包括围绕调研目的，对调研点的选择，调研地区人文环境和政治、经济环境的熟悉，撰写详细的调查提纲和设计调查表格，熟悉有关社会和文化的理论与基础知识等方面。在此基础上，采取相应的调研方法，以期获得理性的成果，为后期研究工作做好铺垫。同时需要强调的是，通过资料了解问题的同时需要保持自己独立思想，不可形成固定的认知模式。因为先前的资料只是代表之前对问题的已有认知，这种认知可能不全面也可能是错误的，只有深入田野调查了解才能验证甚至有新的发现与收获，同时这也是能进能出的治学基本素质要求。例如，内蒙古艺术馆研究员武俊平先生在参与关于内蒙古服饰艺术田野调查时就有这方面的发现与认识。

（2）开始阶段。开始阶段就是进入田野阶段，也就是进入所调查的地区之后但未正式进行田野调查阶段。首先，初次到一个陌生的地方，首先要取得当地政府的支持和帮助，到当地政府报到，通过政府的上下级关系，方便调研者进一步了解调研地区的非物质文化遗产及其传承地区情况。其次，为了调研工作的顺利开展，根据调研目的和调研时间长短的不同，选择合适的居住地点。

（3）调查阶段。在前期工作都做好的基础上，便可以开始正式调查，也就是"参与观察""深度访谈""专题调查"阶段。这一阶段由于各人的对调查目的和调查点的了解程度不同，调查程序也就不可能完全相同。但在调查过程中，特别是在少数民族地区，有些事项需要注意，这主要包括了解当地的一般社交礼仪和禁忌，要入乡随俗，

---

① 贾银忠. 中国少数民族非物质文化遗产教程[M]. 民族出版社，2008（11）：66.
② 万建中. 非物质文化遗产调查中的主体意识——以民间文学为例. 北京师范大学学报，2005（6）：57.

尊重当地人风俗习惯，注意个人的外在形象和语言表达，留意细节，搜集有用信息。访谈讲求技巧，倾听当地人关于当地政治和现实问题的意见。只有得到他人的信任，将自己融入民族社区生活，才能得到真实、可靠的信息资料。

（4）撰写调查研究报告阶段。这一阶段是对田野调查获得的原始资料进行编辑、整理及报告文本撰写的过程。田野调查研究者在完成一项田野作业后，他们会从专业的角度去真实报告、客观评价调查点非物质文化遗产的发展现状及存在的现实问题，以为其他学者开展研究提供依据。调查报告是一种应用性问题，以叙述为主，文字要求朴实无华，准确无误。调查对象身份、调查地点的时间、调查事项的来龙去脉一定要具体、明确。

调查报告是反映调查研究成果的一种文体，有两种类型：一种是记录式调查报告，另一种是综合性调查报告。记录式调查报告多用于反映报告人（调查对象）讲述的某一主题，经调查者整理，多将第一人称改为第三人称。综合性调查报告是在搜集大量资料的基础上，经过分类整理、认真分析而形成的科研成果。

3. 田野调查法的分类

田野调查法作为民族学、民俗学、人类学等学科的主要研究方法，根据研究重点的不同，又有着不同的调查方法。目前，学术界比较常用的有三种。

（1）参与观察法。即非物质文化遗产研究者深入所研究对象的生活背景中，在实际参与研究对象日常社会生活的过程中所进行的观察；又或是居住在当地社会环境之中，与当地居民同吃同住同劳动，进行一种亲身体验的调查方法。田野工作的基本内容就是"参与观察"（Participant Observation）。"参与"就是调查者"在场"，直接面对调查对象，耳闻目睹，获取第一手资料。非物质文化遗产作为一种活态的艺术，深深扎根于民间。例如，中国民间文艺家协会副主席余未人先生为《中国民间美术集成·贵州卷》搜集整理前期资料时，就亲自到贵州当地办了许多培训班，从而将该省的 89个地区、85 个县和 2000 多个村庄调查了解，获得了学术上很大的认可。

（2）深度访谈法。深度访谈法是一种无结构的、直接的、个人的访谈法，即根据调查工作需要找准具有代表性的调查对象，与其进行深层次的交谈，以了解该群体的一般及特殊情况。调查者与调查对象直接交谈，以口头交流的方式进行调查[①]。在访谈中，调查员要保持中立的态度，不要把自己的意见暗示给被调查者，否则会影响资

---

① 李明峰. 民族地区的领导干部应学点田野调查方法. 创造，2005（12）.

料的真实性；要把握访谈的方向和主题焦点，防止谈话偏离调查主题，以免影响效率；使用的语言要简明扼要；根据被调查者的特点，灵活掌握问题的提法和口气。

（3）专题调查法。即针对明确的调查主题，采用调查问卷的方式，在特定的时间、特定的范围，围绕特定的调查对象进行的田野调查。

以上是进行非物质文化遗产田野调查的主要方法，而不是全部方法。因此，在调查实践中，根据调查目的的不同，将田野调查的各种方法灵活运用，具体问题具体分析，尽可能使调查工作顺利进行，获得有效的调查结果。

在实际中，研究人员如何运用这些方法呢？一是坚持长期调查与短期调查相结合。要在具有较高学术研究价值、具有文化特色的地区进行长期研究调查，对于较为熟悉的地区，需要获取某一方面的资料可进行短期调查。将两者相结合，使调查内容更加丰富，并加深对调查地区文化的了解。二是整体调查与专题调查相结合。整体调查就是对地区进行全方位的调查，全面了解该地区的经济、社会、家庭、伦理、道德、文学、艺术等方面，同时，对有文化价值的方面进行专题调查研究，为今后旅游文化资源的开发奠定基础。三是田野调查与其他调查相结合。田野调查是最主要的调查方式，在现代社会，通信技术十分发达，通过电话、电邮、传真、信件等方式进行调查也成为使用频率较高的调查方式①。

4. 调查提纲的设计

在非物质文化遗产调查提纲的设计上，由于调查深度和广度的不同，可以分为三种层次。一是普查提纲，是对民族地区进行全面调查、综合调查时使用的。普查是最具广度、最具基础性的调查。全面普查要求相关的文化工作者要掌握专业的基础知识和调查方法，同时，为保障调查结果的科学、规范和有效，在进行普查前要制作统一的工作手册和普查提纲。二是专题调查提纲，是对某类文化事项或某种文化形态、艺术形式展开的专门性调查。专题调查最基本的要求是深入，即对专题内容的各个方面、各种细节都进行拉网式的了解与记录，专题调查可以是固定范围内的全面性专题调查，也可以是某个区域、某个范围的定点的专题调查。三是单项调查提纲，是个案的调查，如一个村落、一种习俗、一门手艺、一样艺术、一类传人、一套祭仪等。个案调查具有相对的独立性和完整性。这三种调查提纲法各有优缺点，在具体运用中，应根据调查工作的需要具体问题具体分析。

---

① 陈锋仪. 中国旅游文化. 西安：陕西人民出版社，2005.

5. 调查提纲的实施步骤

采用调查提纲法进行非物质文化遗产调查时，首先，要做好前期准备工作，要有明确的调查主题、调查思路、调查对象、时间地点等，熟悉调查地区的政治、经济、文化环境，在了解前人的调查成果基础上，查阅相关资料、书籍，掌握一定的专业知识，为实际调查做好理论上的准备。其次，在调查工作实施中，对调查项目的具体设定上，要有一定的针对性和目的性。根据研究内容制订调查内容及相关问题，做到重点突出，详略安排得当，还应综合考虑调查环境、调查对象的具体情况、调查方法的选择等问题，充分体现出通过调查要得到怎样的结果。调查提纲的编写过程还应该广泛征集相关学科的专家、学者的意见，组织专题讨论，提出修改意见，以完善提纲内容，尽量避免实际调查中对一些问题的疏漏。再次，对调查提纲中的专业性问题应做相应的说明，以帮助调查者和被调查者了解调查内容，方便调查对象做出客观、真实的文化阐述和表达。最后，非物质文化遗产研究者根据调查问卷、专题访谈等不同调查提纲所收集的资料，并采用恰当的方法进行总结和统计，整理调查结果，对调查结果进行初步分析，以调查报告形式，为后续学术研究做好准备。

二、非物质文化遗产的记录建档

（一）记录法

记录法就是将人类的知识（包括经验、活动、思想、情感、观念、信息）通过特定的符号体系（如文字）记录于特定的物质载体之上，便形成了文献[①]。根据记录目的的不同及记录对象的不同特征，记录方式和手段也有不同的表现形式。总体上，随着社会的发展和时代的变迁，记录法经历了实况记录法和工艺记录法的演绎过程，在当今非物质文化遗产调查研究的实务中，这两种方法得以广泛综合应用。

1. 实况记录法

实况记录法是指针对某个事件或行为做详细记录。实况记录法通常以文字记录为主，而文字记录又是最便捷、最普遍使用的一种记录手段。文字记录可以将被记录者

---

① 贾银忠. 中国少数民族非物质文化遗产教程. 北京：民族出版社，2008.

思想之内的知识另存为一种以物质性的记忆系统、知识存储系统和文学传播为媒介的文献。即使在当今科技不断发展的时代，摄影、摄像、影视手段普遍运用之时，文字依然有其不可替代性。文字记录可以抵达哲学的高度，可以深入背景、因果，成为一种解释，可以表达被记录者的欲望、愿望、感情，可以跨越时空、整合时空，这些都是图像不能取代的[①]。由于实况记录法通常以文字记录为主，所以这种方法又属于定性观察记录方法。定性观察记录必须尊重对象的"原生态"，用纪实的态度，力求用文字生动、完整地记述情境和过程，对所收集的资料既可以做定性研究，也可以做定量分析。非物质文化遗产是无形存在的，将动态性存活、身体性表演、口头性讲述的非物质文化用文字描述和记录下来，运用多种手段使其得以呈现和留存，这对非物质文化遗产的保护具有重要意义。

同时，由于非物质文化遗产作为一种动态的、活态的、以文化形态存在的艺术表现形式，在某种程度上它很难用文字表达和记录来全面概括，传统、单一的文字记录已不能满足全面、生动记录的需要。因此使用实况记录法时，须事先根据观察目的确定好观察场景和时间，为防止纸笔记录可能遗漏信息，还可借助录音录像设备对观察对象进行摄录，可使用一些数字编码、符号或速记手法来减轻纸笔记录的文字量，提高记录效率。

2. 工艺记录法

工艺记录法是使用录音带、录像带、照片等电子形式对行为对象做永久性记录。在现代科学技术不断发展的今天，人类对非物质文化遗产的传承和保护有了更多、更有效的方式，人们在使用文字的基础上，综合利用录音、摄影、录像、数字化多媒体等现代化手段，可以对现存各类非物质文化遗产进行真实、系统和全面的记录和入档保存。在对一类非物质文化遗产进行记录时，如口头传说、音乐文化、戏曲表演等，各种现代科技媒介的记录方式和效果与文字记录明显不同，这些科技性摄录是一种直接记录、直观记录、原样记录、形象记录和真实记录，这些手段将历史的场景图像一览无遗、原汁原味地保存下来。后人在欣赏时虽不能有现场观看的氛围体会，但却在很大程度上弥补了文字记录所无法体现的听觉和视觉上的效果；在对传统民俗表演、手工技艺制作等进行记录时，以拍摄的方式，可以让他人更加清晰、明了地明白全部过程。可见，这些记录方式的科学性、重要性、必要性是不言而喻的。因此，通过摄

---

① 向云驹. 人类口头和非物质遗产. 银川：宁夏人民教育出版社，2004.

像、录音、照片和笔录有效结合的记录成果，既可以确保第一手调研资料的真实性和完整性，同时这些记录也是非物质文化遗产得以传承、保护、管理及申请进入"代表作"名录的一个基本条件。同时，在学术研究上，它也为非物质文化遗产的研究提供了文献素材，成为非物质文化遗产传承发展的基础和资本。随着科技文化的普及发展，这种方式已经成为可能。在 2010 年 6 月 12 日我国的第五个文化遗产日在首都博物馆，由文化和旅游部民族民间文艺发展中心和首都博物馆主办策划了"感受遗产——中国非物质文化遗产数字化成果展"。该次数字化成果展充分利用了妙笔技术、视频、图片、Flash、数据库等，将来会向 3D 技术与全景全息不断发展，将为大众更全面、生动、具体了解非物质文化遗产提供可能。

工艺记录比较形象、生动、直观，可反复回放，有着与上述的文字记录法无可比拟的优势。但这种方法的局限性也比较明显，例如，使用录音带记录不能记录沉默中的活动信息和非语言行为，事后将录音转化成文字材料（即听音分析）也比较费时费力。同时由于设备比较显眼，使用录像手段记录对被观察者的干扰较大。因此，工艺记录法往往作为纸笔记录的一个辅助手段。

（二）建立非物质文化遗产资料库、数据库

科学规划、建立资料库、数据库，将非物质文化遗产普查中获取的大量录音录像资料及口述资料保存起来，并通过多媒体的方式传播，是实现非物质文化遗产成果资源共享的一条重要途径。

建立非物质文化遗产资料库、数据库，必须按照"统一软件、统一目录、统一分类、统一格式、统一质量"的工作标准，利用高科技手段实现非物质文化遗产保护的科学化。通过运用文字、录音、录像、数字多媒体等各种现代化方式，对非物质文化遗产进行系统记录、统一建档，建立资料库、数据库。要努力创造条件，搞好信息数据库和网络服务平台的硬件、软件建设及建库工作，以"非物质文化遗产保护资料库"为数据库依托，构建以电脑、电视机为终端的非物质文化遗产传承与保护专业网，使其成为展示、传播的重要窗口。

利用多媒体技术将非物质文化遗产的工艺技能与流程固定在多媒体芯片中，这是非物质文化遗产"物质化"保护的重要方式。这种方式在记录讲述、表演、节日、仪式、传统工艺等非物质文化遗产表现形式时非常有效。因为讲述、表演、节日、仪式、传统工艺等的真正精华部分并不是道具、行头和布景，而是表演或制作的全过程。对

此进行全过程、不间断的录音、录像至关重要。

利用多媒体方式记录非物质文化遗产，有利于将我国丰富多彩的遗产普查成果通过网络化与数据化技术处理，实现"便捷、科学、高效、经济"的传播和更好的传承与保护。法国等西方国家数十年前所进行的卡片式记录最终失败，其原因是传统做法既投入大，又有诸多不便，人们无法便捷、科学、高效、经济地检索、查询和运用。而现代科技、特别是数字网络技术的高速发展，已经为新时期遗产的普查、梳理、应用与传播构架了高速通道。

数字化处理与网络化传播的优势主要体现在以下几个方面：

（1）几乎不占用物理空间，或者可忽略不计。

（2）可以方便、灵活地进行图文声像与数字信息的双向转换。

（3）可以方便、自如地对资料进行修改、编辑、排序、移位、备份、删除和增补。

（4）可以高速、便捷地通过网络进行传输。

（5）可以方便、迅速地进行检索、调用。

（6）一次性投入，投入产出比高，便于市场运作。

统筹规划建立非物质文化遗产数据库，以及适应社会发展需要，充分利用信息化、数字化、网络化，提供数据库群和工作平台，是一项重要的文化基础工程。以智能图文音像检索技术为手段的信息服务形态，记录、保存、传承、传播、利用、保护、发展非物质文化遗产，在教育、科研、精神文明与物质文明建设、国内外文化交流中越来越发挥着重大的作用。但同时必须明确，该建设也是一项非常艰巨、烦琐，规模巨大和影响深远的重要工作，其海量信息资料的科学整理、保存和利用等具体操作都要求较高，需要艺术、文化、专业、管理、计算机、多媒体技术及网络信息等领域诸多专家学者和众多工作人员的共同努力。我们应本着对人类共同精神财富高度负责的态度，克服各种困难，将非物质文化遗产数据库建设这一惠及后世子孙的文化工程建设好、宣传好、利用好和传承好。

（三）收藏与展示非物质文化遗产成果

建立非物质文化遗产专题博物馆（展示中心），积极以此为平台，运用先进、科学的保护方法，将民间艺人为我们保留下来的丰富物质文化遗产中的艺术精品、制作工具、民俗实物搜集、整理、收藏和保护起来，将普查、搜集、整理的非物质文化遗产保存和保护起来。通过博物馆（展示中心）的方式收藏与展示，并积极采用数字化展示手段，结合实体或模型、专题展览和民间艺术大师现场制作表演等形式展示和传播。这不但有利于艺术精品的收藏保护和展示传播，让公众了解艺术精品实物、当地文化与风俗、劳作与生活、艺术与审美等知识，而且更有利于公众系统认知、把握艺术精品的制作工艺、制作流程和传承与保护的社会价值。

在建立博物馆的过程中，要充分认识和发挥博物馆在展示、弘扬本地标志性文化过程中的重要作用。有必要可论证建立特色、专业博物馆（如民俗博物馆、传承馆等），这将为当地传统文化产业的发展提供更多的展示平台。为节省成本，增加盈利，突出民族特色与地域特色，这类特色、专业博物馆的开办最好能与当地老宅院、工业遗址的利用及当地政府部门的旅游规划结合起来，将博物馆建设成为城市历史与城市形象展示的重要窗口。

需要特别指出：虽然对非物质文化遗产实施"物质化"保护非常必要，但是"活态保护才是非物质文化遗产保护最基本的模式"。即评价一个非物质文化遗产代表作是否还在有效传承，其基本标志不是看它被收藏了多少，而是看它的传统工艺技术、技能、知识、经验传承下来多少。而实物收藏只是非物质文化遗产保护的一个辅助手段。

三、非物质文化遗产的名录体系

保护非物质文化遗产，我们需要建立完善的国家级和省、市、县级非物质文化遗产名录体系。建立名录体系，是非物质文化遗产保护制度的核心内容，也是有效保护我国非物质文化遗产的重要措施。非物质文化遗产名录体系的建立，对于推动我国非物质文化遗产的抢救、保护和传承，展示民族民间传统文化，增强民族文化自觉和文化认同，促进文化交流与合作等都有十分重要的作用。

在普查工作基础上，根据既定标准，将本国非物质文化遗产划分为四个等级，并对它们实施差别保护。这是各国政府在非物质文化遗产保护工作中的一个普遍做法。我国实施非物质文化遗产四级保护，建立国家级和省、市、县各级非物质文化遗产名录体系。在遵循"掌握条件，严格程序，科学论证，简明易行"的申报原则下，2006年5月我国产生了第一批《国家级非物质文化遗产名录》，2008年又公布了第二批《国家级非物质文化遗产名录》，这对建立我国非物质文化遗产名录体系具有重要的示范和推动作用。目前，我国省、市、县相继建立了非物质文化遗产保护工作机构，确立了职责明确、良好运行的工作机制，促进了分级负责，领导、规划和落实非物质文化遗产的四级保护工作。全国各省建立了非物质文化遗产名录，并逐步向市、县扩展，我国国家、省、市、县四级非物质文化遗产名录体系已基本形成。

在非物质文化遗产保护名录建立之前，必须建立起一套行之有效的非物质文化遗产代表作评价体系。这套体系通常由定性分析与定量分析两部分组成。前者用于确定什么是非物质文化遗产，什么不是非物质文化遗产，而后者主要根据非物质文化遗产的优秀程度、原生程度、濒危程度，以及时间上的跨越程度、性格上的独特程度等，为遗产进行定量分析，并根据上述尺度，将非物质文化遗产分为世界级非物质文化遗产、国家级非物质文化遗产、省级非物质文化遗产及市（县）级非物质文化遗产四个等级。

从管理层面看，世界级非物质文化遗产须由联合国教科文组织注册，国家级非物质文化遗产须由国务院注册，省、自治区及直辖市级非物质文化遗产须由省、自治区及直辖市人民政府注册，县级非物质文化遗产须由县人民政府注册。但具体的保护工作仍须交当地政府负责。按国际通行惯例，上一级遗产须从下一级遗产中选出，不得越级申报。国家级非物质文化遗产代表作名录的公布，标志着一个国家非物质文化遗产代表作名录体系的建立，体现了一个国家非物质文化遗产保护工作已经进入体系化、科学化保护阶段。目前，我国文化和旅游部正推进总结近年来我国非物质文化遗产保护工作的实践经验，将参照联合国教科文组织保护非物质文化遗产公约的有关规定，建立国家级名录的退出制度；将定期组织专家对国家级名录项目保护情况进行评估、监督和检查，对保护不力和进行破坏性开发的项目和单位予以警告，对于确实不再符合国家级名录标准，没有资格继续列入国家级名录的予以除名，并追究相关责任[①]。

四、非物质文化遗产的传承机制

非物质文化遗产的保护需要人们的传习和继承来实现。因此，建立科学的非物质文化遗产的传承机制必不可少。一个良好的传承机制必须包括以下几个方面。

---

① 周玮. 文化部副部长谈"非物质文化遗产法"出台. 新华社. 2011-02-25.

（一）做好遗产的评估鉴定工作，认定和命名非物质文化遗产的杰出传承人

联合国教科文组织的《关于建立"人类活珍宝"制度的指导性意见》和《人类口头及非物质文化遗产代表作》确立了非物质文化遗产项目传承人保护制度。我国以此为借鉴和指导，2008 年 6 月文化部颁布实施了《国家级非物质文化遗产项目代表性传承人认定与管理暂行办法》，促进了非物质文化遗产的传承和弘扬。在国家、省、市、县四级政府认定重要非物质文化遗产项目中，应将认定传承人纳入"人类活珍宝"的范围，建立适合我国国情的非物质文化遗产项目传承人保护制度。其主要内容应包括：

（1）名录与传承人的统一认定机制。保护名录是确定传承人的重要依据，传承人的确定应与名录的确定相关联或统一，而不是相互分割。对列入名录的重要的、有代表性的非物质文化遗产项目，政府应当明确指定代表性传承人并采取措施支持、帮助其实现传承。

（2）专家委员会评定机制。必须从法律上建立一个公平、公正、具有代表性的专家委员会评定机制，明确规定其职责、评定标准和评定程序，政府以专家委员会的评定为依据，并予以公示后确认。

（3）保障机制。即政府为支持、帮助传承人从事传承活动所提供的保障措施，包括为传承活动提供必要场所，提供财政资助，授予荣誉称号，利用公共传媒、公共文化机构宣传、展示和交流，开展学校教育传承，促进国际国内交流等。

（4）责任机制。对传承人来说，在被确认为传承人或团体并享受到国家法律、政策保护包括财政支持的同时，法律也必须确认其担负起保护和传承自己所持有非物质文化遗产的义务，即有效地履行保护职责，有义务和责任将其传承给后人，贡献给社会。

（5）知识产权保护机制。加快建立传统知识和民间文艺的知识产权保护制度，保障传承人合法权益[1]。

同时，要为传承人创造良好的生活、工作条件，对其传承进行档案登记、数字化记录或建立专门的图文影像数据库；组织专家对其传承成就和工作进行学术性、专业性的分析和总结；组织优秀成果展演、展览和展示；安排他们通过授课、带徒等方式培养接班人，使其技艺得到完好的传承。

---

[1] 朱兵. 非物质文化遗产传承人的保护及法律制度, 中国人大网 www.npc.gov.cn.

为避免非物质文化遗产的"滥指定"和确保优秀项目脱颖而出，各国在指定非物质文化遗产项目时，通常都将项目与项目传承人捆绑在一起，并根据传承人的水平来判定该遗产能否进入非物质文化遗产保护名录，确保指定项目的唯一性。因非物质文化遗产项目的传承人多寡不同，可分为以自然人名义传承的"个体传承项目"、以团体名义传承的"团体传承项目"和以群体名义传承的"群体传承项目"三大类。因此，传承人也被分为个体、团体、群体传承人。

（1）以自然人名义传承的"个体传承项目"，多出现在传统工艺技术类、民间文学类及部分以个体名义出现的表演艺术类非物质文化遗产中。这类遗产的传承基本上也都是通过个体的方式世代相传的。由于同类传承事项很多，为确保指定对象的唯一性，在指定这类遗产的过程中，传承项目须与特定传承人一并指定。如在申报北京"聚元号"弓箭制作技艺时，就必须将该技艺的传承人杨福喜一并申报。这种捆绑式指定的言外之意就是告诉人们，至少到目前为止，只有杨福喜传承的弓箭制作技艺才是国家指定项目，从而避免了其他弓箭制作方的"乱搭车"现象。

（2）以团体名义传承的"团体传承项目"，是指以团体的智慧和力量创造并传承下来的非物质文化遗产项目。这类项目多出现在表演艺术、传统手工技艺、传统生产知识、传统生活知识及传统节日与仪式类非物质文化遗产中。在现实生活中，绝大多数非物质文化遗产项目，都是通过团体的力量代代相传的。如侗族大歌、苗族舞蹈、汉族戏剧，都是这类遗产的典型代表，反映出这类遗产在传承过程中所具有的公众普遍参与的特点。在这类遗产的传承过程中，尽管某些个人发挥着重要作用，但没有众多传承人的集体参与，是不可能获得有效传承的。所以，这类遗产的传承人不是某个个体，而是由若干自然人组成的某个团体。如杨柳青年画绘制技术、荣宝斋木版水印技艺等，都是由多道工序、多名传承人共同完成的。在保护这类遗产时，要充分考虑传承群体的作用，任何一种过分强调个体而忽视团体的想法与做法，都会给这类遗产的传承带来负面影响。

（3）以群体名义传承的"群体传承项目"。"群体传承项目"是指以群体名义传承的非物质文化遗产。和以团体名义传承的非物质文化遗产项目相比，两者的传承人都具有明显的复数特征。所不同的是，团体传承项目只需要一个团体，而群体项目则需要多个团体共同完成。如某些传统节日或传统仪式，通常动用数十个花会作为支撑。如北京门头沟的妙峰山庙会，就是由粥茶会、面茶会、青菜会、献盐会、缝绽会等数十个文会，以及杠箱会、狮子会、中幡会、杠子会、石锁会、双石会、吵子会、花坛会、花钹大鼓、开路会、五虎棍、秧歌会、太平会等数十个武会共同组成的。这种大规模的仪式活动，仅以团体名义申报显然是不合适的。故传统节日、传统仪式类遗产项目的传承人，不可能是某个个体或某个团体，而应是某些群体。

团体传承和群体传承人数多、管理难，申报管理该类遗产通常都指定一名代表担任联系人，而无须所有传承人逐一登记。根据风险利益共担原则，该类遗产的传承、风险、利益都由项目归属的团体或群体负责。

2006 年 12 月 16 日，中国民间文艺家协会组织评选、公布了总计 156 项 166 人的中国民间文化杰出传承人名单。2007 年 5 月，我国又公布了首批 226 名国家级非物质文化遗产项目的代表性传承人名单。同时，进一步加强和完善了对列入各级名录的非物质文化遗产代表作传承人（团体）的认定命名、授予称号、表彰奖励、资助扶持等管理。这极大鼓励了各地民间传承人的积极性，也引发社会公众对非物质文化遗产更加关注和重视。完善认证传承人的管理，还应借鉴日本、韩国等国家非物质文化遗产保护先进经验，进一步规范完善传承人的责、权、利及奖惩机制，非物质文化遗产知识产权保护制度等，以确保务实、长效、更好地传承。

（二）完善非物质文化遗产教育传承机制

"教育传承"是联合国教科文组织、中国政府为了更好地保护和传承人类优秀的非物质文化遗产所倡导的一种途径。教育传承机制是教育传承过程中各构成要素由于某种机理形成的因果联系和运转方式，它具有目标性、规律性、整合性、能动性的基本特征。非物质文化遗产教育传承机制中教育传承主体、教育传承目的、运行环境、运行动力、运行方式及程序、运行保障等各要素紧密联系，科学运转，形成按一定方式有规律运动的动态过程，才会产生教育传承功能。构建完善非物质文化遗产教育传承机制，应着力做到以下"五个必须"。

（1）必须通过非物质文化遗产教育传承立法来提供制度保障。其至少应遵循以下基本原则：传承人教育、学校教育与社会教育相结合原则，专业教育与普及教育相结合原则，教育传承内容的可选择性与濒危非物质文化优先教育传承相结合原则，原真性与可解读性相结合原则①。

（2）必须把握正确的价值导向，树立具有中国特色的非物质文化遗产保护与教育传承观，科学搭建教育传承理念的灌输通道。

---

①　覃美洲，谭志松. 土家族非物质文化教育传承立法的基本原则. 民族教育研究. 2010（5）.

（3）必须营造教育传承氛围，形成非物质文化遗产教育传承合力、教育传承氛围，包括其物质氛围和精神氛围。

（4）必须建立非物质文化遗产教育传承基地。

（5）必须构建非物质文化遗产教育传承的长效机制。

将非物质文化遗产保护纳入国民教育体系，积极推进非物质文化遗产进课堂、进教材、进校园、进社区……将非物质文化遗产教育传承融入学习、传习、交流、培训、（节庆）活动、评先树模等重要活动，融入生活，焕发时代活力。随着我国非物质文化遗产法的颁布实施，对建立完善非物质文化遗产教育传承的长效机制提出了更高的要求。文化和旅游部积极推进，将继续彰显代表性传承人的重要地位，加大对传习活动的扶持力度，通过社会教育和学校教育，使非物质文化遗产项目的传承后继有人，将继续开展国家级代表性传承人申报评审工作，启动代表性传承人抢救性记录工程，出台生产性保护的扶持政策，制定对学艺者、继承者的助学、奖学等激励措施[1]。可以确信，我国非物质文化遗产教育传承机制将在改革进程中逐步完善，更好地促进中国非物质文化遗产的教育传承和保护，并获得持续、健康的发展和显著的成果。

五、非物质文化遗产的空间维护

非物质文化遗产的空间属于文化空间，2001 年联合国大会决定采用的定义是："一个可集中举行传统文化活动的场所，也可以定义为一段通常举行特定活动的时间，这一时间和自然空间是因空间中传统文化表现形式的存在而存在的。"[2]

"文化空间"是一个相当笼统的学术概念，它既可以指举行各种非物质文化遗产表演活动的特定场所和特定时间段，也可以理解为蕴藏多种非物质文化遗产的特别区域。为防止非物质文化遗产分类体系的混乱，所以，在非物质文化遗产申报的过程中，"文化空间"仅指某些非物质文化遗产的特定区域与场所。

非物质文化遗产空间的维护，指的就是非物质文化遗产的生态环境、活动场所及时间段的维护，主要有以下几个方面。

---

① 周玮.文化部副部长谈"非物质文化遗产法"出台.新华社，2011-02-25.
② 乌丙安.非物质文化遗产保护理论与方法.北京：文化艺术出版社，2016.

（一）建立传统文化生态保护区

文化生态保护区是指在一个特定的区域中，物质文化遗产（古建筑、历史街区与村镇、传统民居及历史遗迹等）和非物质文化遗产（口头传说与表述、传统表演艺术、民俗活动、礼仪、节庆、传统手工技艺等）相依相存，并与人们的生活生产紧密相关，与自然环境、经济环境、社会环境和谐共处的生态环境。一些国家为体现非物质文化遗产整体保护原则及原生态保护原则，先后加快实践探索，以"传统文化之乡""传统艺术之乡""文化生态博物馆""文化生态保护实验区"等名义建立了传统文化生态保护区。其初衷是想通过对某区域自然环境、人文环境、物质文化遗产与非物质文化遗产的整体保护，使该地区的优秀传统得以延续和传承，也使这些地方人与人、人与自然的关系变得更加和谐。

我国文化部自 1988 年始，就启动了命名"民族艺术之乡""特色艺术之乡"工作。20 多年来，全国涌现出一大批具有浓郁民族特色和艺术风格的艺术之乡，促进了当地社会主义精神文明和物质文明的建设。在我国民间文化遗存较完备的地区和少数民族聚居的地区，就有一些有步骤、有计划建设的文化生态保护区（村）典型。如 2003 年广西壮族自治区在河池市南丹县里湖怀里村的蛮降屯、化图屯、化桥屯白裤瑶民族的聚居地建立了广西壮族自治区第一座生态博物馆，将三个瑶寨作为生态博物馆的保护范围，为白裤瑶民族文化的原生态保护、记载、学术研究、展示和延续传承等创造了有利条件。

"十一五"规划期间，《国家"十一五"时期文化发展规划纲要·民族文化保护》明确提出建立 10 个国家级民族民间文化生态保护区，对非物质文化遗产内容丰富的区域实施整体性保护。2007 年 6 月，文化部正式批准设立"闽南文化生态保护实验区"，这是我国第一个国家级文化生态保护区（实验区包括福建的泉州、漳州、厦门三地，是台胞的主要祖籍地、闽南文化的发祥地和保存地）。之后又相继建立了"徽州文化生态保护实验区"（安徽省、江西省，2008 年 1 月）、"热贡文化生态保护实验区"（青海省，2008 年 8 月）、"羌族文化生态保护实验区"（四川省、陕西省，2008 年 11 月）、"客家文化（梅州）生态保护实验区"（广东省，2010 年 5 月）、"武陵山区（湘西）土家族苗族文化生态保护实验区"（湖南省，2010 年 5 月）、"海洋渔文化（象山）生态保护实验区"（浙江省，2010 年 6 月）、"晋中文化生态保护实验区"（山西省，2010 年 6 月）、"潍水文化生态保护实验区"（山东省，2010 年 11 月）、"迪庆文化生态保护实验区"（云南省，2010 年）。这些实施传统文化生态保护区的实践经验证明，划定文化生态保护区，将民族民间文化遗产原状地保存在其所属的区域及环境中，使之成为

"活文化"，是保护文化生态的一种有效方式。

文化生态保护区理念的理论基础，是非物质文化遗产保护中的整体保护原则。其要求既注意非物质文化遗产保护，同时又注意对非物质文化遗产生存空间的全方位保护。所以，在这类项目中，物质文化遗产、自然遗产及非物质文化遗产都将受到同等重要的保护。

（二）加强非物质文化遗产的展示和交流

目前我国专题博物馆、民俗博物馆和传习所建设态势良好，全国各省（区、市）共建立非物质文化遗产博物馆 424 个、展厅 96 个、民俗博物馆 179 个、传习所 1216 个，已经成功地举办了两届中国成都国际非物质文化遗产节，这是展示和保护人类非物质文化遗产为主题的高规格国际文化盛会，每两年举行一次。第一届遗产节以"传承民族文化，沟通人类文明，共建和谐世界"为主题，以天府大巡游为核心内容，包括鼓震神州、舞动蓉城、风情五洲和龙腾盛世四个章节，巡游队伍为亚非欧美的 21 支民俗表演队伍和国内的 21 支表演队，包括少林功夫、川江号子、川剧集锦、兰州太平鼓、吉林延边朝鲜族长鼓舞，韩国、俄罗斯民间歌舞，非洲民族风情音乐舞蹈，巴西桑巴舞等，展现了多姿多彩的非物质文化的魅力。同时，还在成都两河森林公园举办了非物质文化遗产博览会，集中展示了 1112 个非物质文化遗产项目，博览会上不但有图片、文字和实物展示，还有 236 个项目的传承人到现场进行展演。第二届遗产节组织了街头巡游、集展示和展销于一体的博览会、剧场演出、分会场展示等系列节会活动，其中表演、展览等节会活动达 600 多场（次），40 多个国家和地区及我国的省、自治区、直辖市都派代表参会，直接参与的代表、游客和市民超过 600 万人次。2006 年 2 月 12 日"中国非物质文化遗产保护成果展"由文化部、国家发展改革委等 9 部位主办，中国艺术研究院和中国国家博物馆承办，成果展在中国国家博物馆隆重举行，展览分为综合版和地方版，内容包括 2000 余件珍贵实物和 2000 余幅照片，同时还有传承人的现场表演，充分展示了我国非物质文化遗产的丰富性和活态性，李长春、刘云山、顾秀莲等领导同志和 35 万多观众参观了展览。同时，中国的非物质文化遗产还漂洋过海，到国外展出，2007 年 4 月 16 日中国文化部主办、中国艺术研究院和中国非物质文化遗产保护中心承办的"中国非物质文化遗产节"在巴黎联合国教科文组织总部开幕，分为主题展览和专场演出。由 337 幅精美图片组成的 120 余块展板和 80 余件珍贵实物，以及唐卡、云锦和剪纸艺术的现场制作，给人们展示了中国大江南北的非物质文化遗产宝藏；而昆曲折子戏、古琴艺术、新疆维吾尔木卡姆艺术等，给观众带来了高品位的艺术盛宴。通过这些大型的展览、交流活动，非物质文化遗产的价值和意义体现了出来，增强了人们的保护意识。

（三）定期举办文化遗产日

在《国务院关于加强文化遗产保护的通知》中确定了每年 6 月第二个周六为文化遗产日，到目前为止，已经成功地举行了五个"文化遗产日"。文化遗产日都会举行丰富多彩的活动，文化和旅游部都会牵头进行充分准备，展示丰富多彩达的文化遗产。第一个非物质文化遗产日的主要活动包括：在国家博物馆举办了珍贵文物征集成果展；中央电视台隆重推出"中国记忆——中国文化遗产日"大型直播活动，15路记者从各地发回现场报道；文化部主办、中国艺术研究院承办的"中国非物质文化遗产保护论坛"在北京国际会议中心召开，围绕非物质文化遗产的基本理论建设、价值评判、保护经验与问题、与当代社会发展、法制建设五个议题开展交流；在民族宫剧院举行"中国文化遗产日专场晚会"；"和鸣——古琴艺术进大学"在北京高校演出；"中国戏曲剧种保护展"在中国艺术研究院展览馆开幕；发布文化遗产《青少年宣言》；开通"中国非物质文化遗产网·中国非物质文化遗产数字博物馆"等。第三届"文化遗产日"的主题结合北京奥运会，利用北京市的各类公园、博物馆、故居、图书馆等公共文化活动场所举办全国各地各民族文化遗产展览、展演、讲座等活动，并免费开放部分博物馆和文物保护单位，充分表达中国文化的博大精深和北京奥运会"人文奥运"的主题。王文章先生指出，以国家文化遗产日的确立为标志，我国非物质文化遗产保护已进入全面的、整体性的发展阶段[①]。

---

① 王文章. 非物质文化遗产概论. 北京：文化艺术出版社，2006.

第五章　非物质文化遗产的利用

　　非物质文化遗产具有历史文化的叠加性，其如今展现给世人的状态只是其发展过程中的一个阶段性。我们在保护非物质文化遗产的同时，要对非物质文化遗产加以利用，使其在面对当下的社会新形式能够继续发展下去。随着城市化、现代化的巨大变革，非物质文化遗产面临前所未有的生存危机，正以令人难以想象的速度走向衰亡，相当一部分非物质文化遗产消失得无声无息。为什么这么多非物质文化遗产消失？一方面是非物质文化遗产无法应对快速而剧烈的社会变革而消失，另一方面则是传承非物质文化遗产的人无法面对社会复杂的诱惑而放弃传承非物质文化遗产。

　　由于受到经济全球化和现代工业社会的强烈冲击，许多发展中国家的非物质文化遗产正迅速遭到破坏，世界各地的非物质文化遗产正面临消亡的危险。非物质文化遗产往往需要口口相传，由于它无形的特性，其消失和破坏往往更容易被忽略。作为世界上非物质文化遗产最丰富的国家之一，中国的许多非物质文化遗产也面临着消亡的境地，亟待抢救和保护。近年来，在联合国教科文组织的帮助下，中国非物质文化遗产的保护、开发和利用取得了一定的成效。但专家提醒我们，今后 20 年，将是中国的非物质文化遗产被破坏的高危险期，这就要求我们充分认识到对其进行保护与抢救的紧迫性[①]。

　　我国的历史文化遗产并不仅仅属于本国和本民族，也属于全人类。保护我们国家的文化遗产是世界共同的责任和心愿。2014 年国家召开"两会"期间，冯骥才提出，反对对文化用"开发"这个词，这是个"野蛮的词汇"，联合国对文化遗产用的是"利用"，中国香港和中国台湾用的是"活化"。"开发"一词在字面上理解太硬，用在文

---

　　① 王文章. 非物质文化遗产概论. 北京：文化艺术出版社，2006.

化遗产上容易超出限度，还是用"利用"一词比较合适[①]。非物质文化遗产是相对于物质文化遗产而言的，它是一种"无形的"文化资产，却是千百年来各民族人民智慧的凝结，是十分优秀的民族文化成果。21世纪是新兴产业的时代，以文化产业和旅游产业为代表的重点产业在人民生活中的重要性已经越来越大，因此，对非物质文化遗产与重点产业发展关系的研究，有着十分重要的现实意义和长久的深远影响。

从非物质文化遗产的定义和类别可知，非物质文化遗产的范畴是非常宽泛的，关系到人民群众物质、精神和社会生活的方方面面，既是被群众创造和享用的民间文化，也是人民在生产和生活过程中不断运用、传承和创新的活态文化。因此，在政治、经济、历史、宗教、艺术等方面，非物质文化遗产都具有特殊的意义和价值，但随着消费时代的到来，其经济价值的重要性则显得更为突出，如何将非物质文化遗产中有潜力的文化资源转化为现实经济增长中的文化生产力，带来更大的经济效益，才是非物质文化遗产持久传承与保护的深厚根基。

在市场经济和消费时代的条件下，经济价值作为非物质文化遗产的一种重要价值，主要体现在如下几个方面。非物质文化遗产的遗存价值是其经济价值存活而不消逝的最根本因素。非物质文化遗产本身具备遗存和经济双重价值，遗存价值即文化价值，是非物质文化遗产传承、开发与研究的必要条件；而经济价值是在遗存价值的基础上才得以利用的。非物质文化遗产的经济价值主要是来源于其自身所创造的各种旅游业和餐饮业等服务行业的经济收入，如风景区门票、纪念品、餐饮业等。在遗存价值与经济价值的关系方面，遗存价值是第一位的，遗存价值保存得越好，经济价值发展的潜力就越大。因此，我们要牢记非物质文化遗产保护工作中"保护为主、抢救第一、合理利用、传承发展"[②]的指导方针，合理利用其经济资源，适当地将其转化为经济价值，从文化创意的角度去充分利用、发展和丰富非物质文化遗产的经济价值。

非物质文化遗产拥有广泛的社会功能，可以产生极大的市场经济实用价值。中国有着丰富的传统文化资源和多样的民族文化遗产，这些都是我国非物质文化遗产实现经济价值的优势所在。例如，我们可以开发剪纸、年画、风筝等工艺性和记忆性的非物质文化遗产项目，这样不仅可以提供更多的就业机会，还可以使非物质文化遗产成为产生经济效益的生产行业，但要对其进行生产性的保护，以便把非物质文化遗产行业打造成可持续发展的文化创意产业。此外，民间文化、民俗资源等重要旅游产业的

---

①　张景明，杨晨霞. 美术类非物质文化遗产衍生品产业化前景及发展路径探析——从辽宁省文化产业的发展状况论起[J]. 通化师范学院学报，2016，37（3）：13-18.

②　参见国务院办公厅在2005年下发的《关于加强我国非物质文化遗产保护工作的意见》.

利用，也是非物质文化遗产的主要社会功能之一，如"中国民间艺术游""中国饮食文化游""中国百姓生活游"等，这些活动既弘扬了中国传统文化，也提高了民众对非物质文化遗产的认识，还增加了利润可观的旅游经济收入。

面对即将到来的后工业时代和后现代文化，把非物质文化遗产与文化、旅游等行业结合起来，营造出有利于经济发展的品牌文化和重点产业。利用有市场潜力和条件的非物质文化遗产，并将其转型为具有市场效应的艺术产品，要运用古典与现代、文化与经济相连接的手段，使传统历史文化在现代社会中焕发出新的生机和发展实力。例如，四川省自贡市在彩灯设计与制作方面有着悠久的历史和高超的技艺，为了充分利用这一独特的非物质文化遗产优势，自贡市把彩灯传统工艺与现代的声光电等高科技产业完美结合，不仅研发制作出多种多样的彩灯，还举办了各种大型的国内和国际的灯展活动，这既展示了我国灿烂的传统文化遗产，又增进了国际间交流和当地的经济收入，还使非物质文化遗产成为真正拥有现实经济效益的民间文化产业形态。

在非物质文化遗产形成、发展和完善的历史演进过程中，其经济价值还逐渐形成了四种特性，即基础性、本体性、间接性、潜藏性。人民起初在发明创造某种非物质文化遗产时，都是以改造自然为人类带来更多的财富为目标的，而其之所以能够传承下去则取决于它能否为社会实践带来更多的效益和价值。因此，非物质文化遗产的遗存价值及其所派生出来的政治、历史、艺术、宗教等价值也必将服务于它的经济价值。非物质文化遗产大多数来源于民间先辈们个体劳动的经验累积和智慧结晶，并通过口传心授的方式一代又一代地传承，最终通过个体演变成一种个体的文化资本，这就使其技艺的所有权具有专有、稀缺与排他的特质，进而形成其经济价值的本体性。在社会生产和生活中，非物质文化遗产的经济价值往往无法直接地表现出来，而是通过其遗存价值来展现的，遗存价值越大，创造的经济价值越丰厚。然而如何把遗存价值转化为经济价值呢？这就需要我们利用一定的载体，这种载体可以是纺织、雕刻、制陶等工艺产品和技术，也可以是舞蹈、戏曲、音乐等民间艺术节目，还可以是以中国传统文化为主题的文化旅游、大型展览等。因此，只有具有了特定载体的非物质文化遗产才能实现其经济价值。与人类其他的历史遗迹和人文景观一样，非物质文化遗产也经过了岁月的磨砺与文明的洗礼，才进一步显现出其原创性和不可再生性的特征。所以，我们切不可只图眼前物质载体的经济利益，而是应该采取保护性的利用措施，把保护放在首位，在保护中加以新的诠释进行再发明创造，使非物质文化遗产沿着可持续发展的科学轨迹健康地成长。

我国在对非物质文化遗产经济价值的研发过程中，产生了一些可供借鉴的经典案例。例如，我国的裕固族妇女通过组织裕固族服装模特队进行节庆演出，并用红缨帽子制成富有民族特色和文化内涵的旅游纪念品出售，不仅保存、弘扬了裕固族妇女的服饰文化，还推动了本地民族服装产业的兴旺发达。鄂伦春人则使用桦树皮制造出设计精巧、造型独特的桦皮桶、桦皮篓、桦皮盒、桦皮碗等桦树皮器具，还把中国绘画、版画技法与桦树皮镶嵌工艺结合起来，并在其中寓于鄂伦春民族的神话传说，创造出桦皮镶嵌画，这既增加了当地民众的经济收入，还有利于非物质文化遗产的保护与开发。在常州市有一些传统的手工技艺，如萝卜干、加蟹小笼包、酒酿元宵等，市民在设计包装后进而将其利用为非物质文化遗产旅游产品，给当地的经济发展带来了巨大的效益，同时也推动了中国传统文化的传承。此外，一些发达国家在对待非物质文化遗产保护的过程中，也已经认识到"无论是有形文化遗产，还是无形文化遗产，都应该在确保文化遗产不被破坏的前提下，尽可能进入市场，并通过切实可行的市场运作，完成对文化遗产的保护及其潜能的开发"[①]，以此来实现文化保护与经济开发之间的良性循环互动。例如，在日本、韩国、瑞士、芬兰、英国等国家，都在积极地挖掘本民族的文化资源，恢复传统节庆礼仪的光辉，尤其重视本国少数民族文化遗产的保护和传承。

综上所述，在创造非物质文化遗产经济价值的同时，应采取保护与利用相结合的方式，以保护拉动利用，以利用促进保护，我们要适度而合理利用，减少对非物质文化遗产本身文化内涵的损害，以展示其历史文化价值和满足人们的欣赏要求为基本目标，从而带动经济的发展，促进文化效益、经济效益和社会效益的共同繁荣。

第一节　利用非物质文化遗产的
必要性与现实性

非物质文化遗产的利用是非常必要和现实的选择。非物质文化遗产产生之初和其发展过程都是和民众的生活息息相关的，并不是在被保护的状态下存在的。当下之所以要对非物质文化遗产进行保护，主要原因在于社会环境的急剧变化，并未给非物质

---

① 顾军等. 文化遗产报告——世界文化遗产保护运动的理论与实践. 北京：社会科学文献出版社，2005.

文化遗产对社会环境的适应足够的缓冲时间，所以非物质文化遗产的保护虽然是基础，但是不能否认其可以利用和发展的重要性和必要性。非物质文化遗产的传承要依赖人的传承，为了更好地让非物质文化遗产项目能够传承下去，必然要重视传承人的作用，而考虑传承人的利益是非常现实的问题，这就要考虑非物质文化遗产利用能够给传承人带来的经济利益和推动力。

一、利用非物质文化遗产的必要性

非物质文化这一概念所涵盖的范围非常广，涉及人类生活的方方面面，是一种民族群体历史记忆的符号，是不同地域文化的差异性所在。由于我国是一个地大物博的多民族国家，又是世界上四大文明古国中唯一没有中断，几千年来一直延续文明的国家，所以我国的非物质文化遗产在具有独特性的同时数量也是非常庞大的。

世界历史证明，任何民族和国家，如果要真正发展强大并具有影响力，有形的物质固然重要，同样重要的还有无形的"精神的高度"，非物质文化遗产资源的丰富程度就在一定意义上反映了该民族或国家的"精神的高度"。一个民族、地区的非物质文化遗产，往往蕴藏着该民族传统文化的最深的根源，保留着形成该民族文化的原生状态，以及该民族特有的思维方式，成为情感凝聚力和认知自身与文化创造力的依据等。

时代在发展，人们的观念在变化，传统的手工艺似乎已经落伍。在这一背景下，强调对民族文化传统中非物质文化遗产形态的开发、保护、研究、传承，是一个应该被全社会所重视的问题。尽管我国非物质文化遗产形态非常丰富，民族民间文化资源十分深厚，但其现状却不容乐观，以口传心授为传承方式的非物质文化正面临着濒于灭绝的境地。整个社会缺乏非物质文化遗存形态保护意识，年轻一代竭尽全力逃离本民族的文化传统，这使得我们对于民族文化必须进行保护、延续、开发、传承与弘扬的统一性思考，同时，这也是中国特色社会主义文化建设的重要内容。

国务院办公厅颁布的《国家级非物质文化遗产代表作申请评定暂行办法》对非物质文化遗产的界定："非物质文化遗产是指各族人民世代相承的，与群众生活密切相关的各种传统文化表现形式（如民俗活动、表演艺术、传统知识和技能，以及与之相关的器具、实物、手工制品等）和文化空间。"通过以上对非物质文化遗产的界定，我们可以发现非物质文化遗产是全人类集体智慧的结晶和共同的财富，是可以持续利用的旅游资源，具有经济、文化、历史、科学和审美等多种功能。非物质文化遗产是国家和民族文化雄厚的软实力的体现。当下，文化已经成为一个区域实力的象征，文化产业也成为"朝阳产业"，在当下资源危机、出口下滑、工业生产缺乏需求的时候，尤其需要大力发展文化产业以渡过难关并成为今后发展的动力。在生活方式日渐趋同的情况下，文化多样性的价值日益凸显出来。

二、利用非物质文化遗产的现实性

从工业社会的物质文明向后工业社会非物质文明过渡，将是未来社会和经济可持续发展的趋势。一方面，文化的多样性与自然的多样性同等重要，是社会与大自然和谐共生发展的基础。另一方面，后工业社会的多元化需求已从工业时代对物的崇拜及感官享受，开始转向对非物质层面上知识和情感的需求。

在当今全球化的进程中，各国各地区相继出现了文化流失现象。在全球经济一体化、现代化、城市化的大背景下，拥有强势经济、强势军事的强势国家，使他们的文化也形成强势，正在有意或无意地浸染和蚕食着其他民族的文化。因此，为了不失去世界文化的丰富性与多样性，继承和弘扬各民族优秀的文化传统，繁荣和发展民族文化已成为当今经济、社会、文化等各个领域的共识。如何传承与保护各民族各地区优秀的文化，尤其是在对于非物质文化保护的有效途径和方法方面的探究，已成为当今人类社会面临的重要问题之一。

我国的历史文化遗产并不仅仅属于本国和本民族，也属于全人类。保护我们国家的文化遗产是世界共同的责任和心愿。非物质文化遗产的利用是非常现实的问题，一方面避免非物质文化遗产的消亡，另一方面也是保障非物质文化遗产传承的措施。

第二节　利用非物质文化遗产的基本原则

利用非物质文化遗产的基本原则是以保护为主，在此基础上合理开发，即适度性原则，传承发展和永续利用是目的性原则。非物质文化遗产的利用离不开保护，也需要在一定的范围内利用，这个度的把握非常重要。

一、保护为主

首先，利用非物质文化遗产要遵守保护为主的原则，而保护又要遵守原真性原则和化无形为有形的原则。原真性是定义、评估和监控文化遗产的一项基本因素。1964年的《威尼斯宪章》奠定了原真性对国际现代遗产保护的意义，提出"将文化遗产真实、完整地传下去是我们的责任"，这也是对保护非物质文化遗产原真性的最好诠释。我们在开发、利用和保护非物质文化遗产时，要在设计、材料、工艺和环境四个方面达到原真性的要求，要注意维护非物质文化遗产的表现形式和文化意义的内在统一，因为非物质文化遗产本身就是这两者的内在统一，而原真性反映的正是这种统一的契合程度。

坚持化无形为有形的原则。某些后继乏人的文化项目，应立即投入人力、物力，进行影像、声音的录制工作。对某些特殊的工艺应结合现代科技，进行三维立体的复原，以保证我们在进行文化产业开发时，能够找到翔实、准确的资料。

要以人为本，保护传承人，并鼓励传承人将自己的"绝技"传给有学习愿望的人。传承人正是非物质文化的真正载体，有他们在，非物质文化遗产就不会绝迹。但某些非物质文化遗产暂时未得到市场的认可，也不太符合现代人的观念，因而一些传承人因生活所迫而放弃了某些技艺，因此政府有必要给予这些人以一定的经济资助，以确保有人能够传承并负载特定的非物质文化遗产样式。当然，政府在进行保护时，不可过度地干预，应以民间组织为主，以居民个人意愿为主，适当引导。

二、合理开发

合理开发要遵守适度性原则。非物质文化遗产所具有的多重价值，使得不少地区对其经济价值趋之若鹜。然而，非物质文化遗产的珍贵正是在于它自身的不可复制和历史价值功能。不加节制地开发将造成不可逆转的永久伤害，也将毁掉非物质文化遗产的历史价值和文化内涵，失去未来发展的立身之本。

非物质文化遗产是一座宝库，是祖先们心血智慧的结晶，是经历岁月侵蚀而不毁的财富，我们的保护一定要遵循适度性的原则。因为非物质文化遗产是有限的，可能是一项或几项，有的是成熟的，稍加市场运作就可以开发，有的是半成熟的，需要时机成熟才可以利用，有的是原本就不成熟的，根本无法进行市场开发，所以我们要适度选择。另外，在开发利用上，要注意开发的宽窄度和深浅度，不可附加一些无关的东西，否则就会显得不伦不类。

三、传承发展

传承发展要遵循多样性原则、发展性原则、协调性原则。首先，在非物质文化遗产的保护、开发与利用上要遵循多样性原则。任何国家、地区和民族的文化，既是民族的，又是世界的。作为顺应历史潮流、反映时代精神、代表未来方向、推动人类文明进步的先进文化更是如此。要建设先进文化，就必须始终坚持文化的多样性，民族文化一旦丧失多样性，就缺乏生机和活力，这个民族也可能会随之消亡。

非物质文化遗产利用要遵循发展性原则。非物质文化遗产是历史的、民族的，在开发与利用中一定要取其精华，去其糟粕。要结合时代特色，融入时代精神，与时代文化相和谐，只有这样，才会有发展，有前途，才能焕发出新的光彩和活力。

协调性原则，每种非物质文化都是经典，我们不能简单地从经济价值的角度断定一种非物质文化比另一种非物质文化更有价值、更有意义。为此，要避免在保护、开发和利用上厚此薄彼，引起不必要的民族纠纷，影响整个非物质文化保护和开发的进程。

非物质文化遗产的突出特点在于它的历史性，其最大的文化价值就是它的历史价值。历史的东西是不容人们随意加工和改动的，要开发利用，也只能在尊重历史、保留原貌的基础上，采取另一种方式方法，进行恰当处理，而不能连根移植。人们基本得出共识，非物质文化的保护并非简单地记录或重现，而应该有动态的视野和现代的眼光。非物质文化保护，也应与时俱进，将其看成随时间的流逝而不断变化的客体。一种文化的传承单靠"博物馆式"的"保护"并不能够真正长久地留存下来，简单的记录或呈现都只是缓兵之计。

四、永续利用

利用非物质文化遗产，要树立可持续发展意识。要彻底抛弃传统发展观和文明观中的糟粕，树立起新的可持续发展观和生态文明观，既要防止对非物质文化进行盲目、无序、过度、破坏性的开发，又要防止片面追求经济效益、急功近利、竭泽而渔的做法，还要特别注意保护好非物质文化资源和非物质文化生态环境，着眼长远，合理利用。

非物质文化遗产可持续设计要注重人、社会和自然的可持续发展，要求将人所处的生态环境、社会形态、社区模式、生活方式、文化形态等结合起来思考。可持续设计所蕴含的可持续发展观，既包括了生态的可持续发展，又包括了文化的可持续发展，是一个整体发展的概念。这对非物质文化的文化生态环境保护具有一定的启示。

我国正处于一个产业转型的阶段。善用中华民族的非物质文化遗产，走"产业文化化、文化产业化"的创意产业之路是我国避开高污染、高消耗的工业生产模式，建立人与自然和谐发展的多样化社会的必经之路。另外，由于非物质文化是一种随着社会变化而不断变化创新的活态文化。适当的资本运作可以使非物质文化遗产更加深入现代生活，使其在现代社会具备新的含义和内容，从而得到新的发展空间。将文化遗产转化为文化资本，可以成为"活态"保护非物质文化遗产的一种模式。

第三节　非物质文化遗产利用与旅游产业发展

非物质文化遗产是民族精神文化的重要标志，蕴含着一个民族特有的思维方式、想象力和文化意识，承载着一个国家、一个民族或一个族群文化生命的密码。从旅游产业的角度看，非物质文化遗产也具有十分重要的旅游吸引力，是一个国家或民族极为珍贵的文化旅游资源。

文化不仅是旅游资源的核心灵魂，也是旅游产业得以生存发展的坚实基础。基于此，随着社会的日益进步，非物质文化遗产作为一个国家绵邈历史的见证、一个民族智慧的结晶，将越来越成为旅游行业蓬勃发展的重要基石，展示出一个民族、社会、国家的根与源。我国是一个拥有五千年悠久历史的泱泱大国，在多数的省份都有着丰富的民族文化遗产，特别是四川、云南、贵州等省份，当地凭借瑶族、傣族、苗族等少数民族的礼俗、民居、节庆、服饰、饮食等非物质文化资源，开发出了极具民族文化吸引力的旅游产品，对国内外游客和当地的旅游产业发展都产生了持久而广泛的影响。

　　旅游资源是旅游产业发展的前提和基础，一般情况下，旅游资源可划分为自然旅游资源和人文旅游资源两类。人文旅游资源又可分为历史文化旅游资源和民俗民风文化旅游资源两个方面，所以非物质文化遗产大部分内容属于人文旅游资源的范畴。我们知道，非物质文化遗产旅游资源的范围十分广泛，其外延几乎涵盖了人类生活的各个层面和领域，并依托语言、行为、心理等方式表现出来。根据人文旅游资源的存在形式和表现形态，我们将非物质文化遗产旅游资源细化为如下三种类型。

　　物质形态的旅游资源包括三个方面：

　　（1）生产方面，即采集、狩猎、农耕、手工、畜牧等；

　　（2）消费方面，即饮食、居住、服饰等；

　　（3）流通方面，即交通、通信、运输、商业等。

　　精神形态的旅游资源包括四个方面：

　　（1）民间艺术方面，即民间音乐、民间舞蹈、民间工艺、民间绘画、民间书法等；

　　（2）口述语言方面，即民间神话、民间传说、民间故事、民间歌谣、民间谚语等；

　　（3）娱乐游戏方面，即民间杂艺、民间体育、民间竞技游戏等；

　　（4）信仰祭祀方面，即民间礼俗、民间信仰、民间祭祀、民间禁忌等。

　　社会形态的旅游资源包括五个方面：

　　（1）人生礼仪方面，即诞生礼俗、成年礼俗、婚嫁礼俗、寿诞礼俗、丧葬礼俗等；

　　（2）岁时节日方面，即二十四节气、传统节日、宗教节日、公历节日等；

　　（3）宗亲家族方面，即排行习俗、亲族习俗、称谓习俗、财产继承习俗等；

　　（4）村落居住方面，即乡规习俗、集市习俗、聚居习俗、村社习俗、建筑格局等；

　　（5）民间组织方面，即社团习俗、帮会习俗、行会习俗等。

　　如今，伴随旅游产业的发展，非物质文化遗产旅游行业以其丰厚的文化蕴意、鲜明的民族风格及奇特的地域魅力，已经成为国内、国际旅游发展的新方向，因此，我们对非物质文化遗产旅游资源的保护和开发要采取新的思路。

　　第一，利用多元的非物质文化遗产资源，展示出不同历史时期、不同民族的风情面貌、传统节日、民族礼俗、宗教信仰的特征，再现出原始场景，不断地增辟旅游的新领域和新项目。

　　第二，建设原始型民俗村、民俗博物馆，保留非物质文化遗产的根，还可以修建各种民俗度假村，让游客亲身参与当地的民俗活动，体验当地的民族风情，从多层面、多用途、多角度上开展旅游项目。

第三，围绕民族旅游的中心，举办各种民族风俗展览、展销活动，在其中可加入庙会活动、民间戏曲、舞蹈会演等内容，并将各民族旅游线路串联起来联合开发，形成民族地区的旅游专线。

除此之外，非物质文化遗产旅游产业的开发，还应搜集、整理、出版各类民间文学作品，这主要是因为民族旅游业的发展不仅依靠景点建设等硬件设施，还依赖于当地民间神话、传说、故事等软件实力，所以，充分挖掘民间文学中的地理景观和人文习俗，对丰富旅游产业的发展有着重要的意义。

一、旅游产业及其发展

从消费者需求的角度看，旅游消费者通过空间移动而获得的经历或体验，涉及许多企业的产品与服务，如信息、交通、住宿、饮食、游览、购物等服务，乃至出游后的一些追踪服务。旅游者在每个旅游环节的选择上都具有很大的自主权，这表明旅游服务与产品之间存在着明显的替代关系。

从生产者供给的角度看，旅游产业为旅游者提供的是旨在满足旅游者需求的旅游产品，而旅游产品的本身属性有着"生产技术""生产过程""生产工艺"方面的特点，通过生产旅游产品提供给消费者，可以看出如果从供给的角度来看，旅游也具备产业的属性。

在中国，近代旅游与中国的对外开放密切相关。一个重要表现是外国入境人数的迅速增长。1879 年，入境和出境的外国人分别为 2984 人和 2884 人，到 1928 年则分别增长到 62797 人和 56134 人，50 年间入境外国人增长了 20 倍，年增长率为 6.4%。同期外国人出境增长了 18.5 倍，年均增长率为 6.3%。1920 年，中国形成了与美国相当的旅游市场规模。从业态的角度观察，近代中国受社会性质、社会发展背景的影响，来往中国的中外旅游者绝大部分以经商、贸易、投资、办企业为目的，单纯以休闲、娱乐、观光和度假为目的的人很少。1923 年，上海商业银行创办了中国近代第一家旅行社，中国旅游业步入了一个新时代。第二次世界大战之后，全球旅游步入真正的现代旅游时代，旅游业得到迅猛发展，旅游业态从内涵到形式更加丰富。瓦伦·史密斯根据现代旅游业的发展，将旅游活动分为六类：民族旅游、文化旅游、历史旅游、环境旅游、消遣旅游、商务旅游。

进入 21 世纪，随着信息技术等新的科技手段的发展，旅游业进入了对传统旅游业态的创新时代。传统的旅游组织形式已从旅行社旅游为主，发展为旅行社和旅行代理商多种经营形式共存；在旅游的目的上，传统的观光旅游正被休闲旅游取代；在旅游的内容属性上，更注重旅游的文化内涵，文化旅游已成为当代旅游发展的主导方向；在旅游的层次结构上，低中端的大众旅游和高端旅游均得到重视。

对于非物质文化遗产的研究，在学术界已经引起关注，但大众对于非物质文化遗产的了解，还知之甚少。在问卷调查中，愿意通过"三微一端"（微信、微博、微视频及客户端）关注非物质文化遗产旅游的占比为 32%，不愿意的占比为 68%。调查数据不可避免地存在误差，但是，我们仍可从数据中获得部分有用信息。被调查人员中关注非物质文化遗产保护的热忱度不够高，人们似乎愿意花更多的时间与金钱进行物质层面的享受，纵然是精神层面的享受，也更加愿意采取快餐方式，到人人认可的名山大川、名胜古迹去游览，留下到此一游的痕迹，反而没有时间，也不愿意去感受非物质文化遗产背后的深刻人文与历史含义。另外，被调查人员对通过互联网推广非物质文化遗产前景的看好程度，将很大程度上影响未来平台建设的接受与认可程度。通过简单的调查，发现群众对市场的认可度并不高。认为没有前景的在被调查人员中占 12%，认为对非物质文化遗产的推广有促进作用，但获利空间不大的在被调查人员中占 59%，认为有促进作用，获利空间较大的在被调查人员中占 29%。

二、非物质文化遗产与旅游资源

Tourism Resources 具有两层含义：一是旅游资源，二是旅游业资源。从汉语的习惯来说，在不加任何后缀的情况下，旅游通常指的是人类活动，而不是产业，因此旅游和旅游业是不同的，旅游资源和旅游业资源当然也是有区别的。但国内一些学者在引用英语文献时往往不加区分，就混淆了旅游资源与旅游业资源的关系。例如，杨开忠、吴必虎提出，不妨将一切参与或有利于旅游生产过程的要素与条件均视为旅游资源。它们包括自然资本资源、物质资本、人才资源、金融资本、制度资本、市场资本等。申葆嘉认为，旅游资源包括社会资源和专用资源，前者包括基础设施资源、自然与社会环境、可用于旅游投资的社会财力和物力，后者包括旅游服务设施、旅游吸引因素、旅游专业劳动力。杨振之更将旅游资源的概念扩大到整个旅游系统，他认为，旅游资源是关于旅游的主体、客体、介体的相互吸引性的总和，从而将旅游设施、交通设施、可进入性、旅游服务、旅行社机构、宾馆饭店、旅游商品、旅游地居民对游客的态度、旅游者等纳入了旅游资源系统。可以看出，他们说的"旅游资源"实际上就是"旅游业资源"，而"旅游业资源"概念太过宽泛，与"旅游业生产要素"没有多大区别，因此没有必要使用"旅游业资源"一词。

当旅游资源中的旅游指的是旅游活动时，如果只从字面上理解，旅游资源的含义就是"能为人们从事旅游活动所利用的事物和因素"，这样的定义显然过于宽泛，和人们通常理解的旅游资源不一样。人们常说的旅游资源是一种旅游对象，同时考虑资源的天然性或可开发利用性，我们可以将旅游资源定义为：旅游资源是指客观地存在于一定的地域空间，具有愉悦价值和旅游功能，能够吸引人们产生旅游动机，并可能被利用来开展旅游活动的所有自然存在、历史文化遗产和社会现象。基于对资源一词的理解，旅游资源指的是在旅游开发前就存在的自然存在、历史文化遗产或社会现象，不包括"直接用于旅游目的的人工创造物"。谢彦君也认为"直接用于旅游目的的人工创造物"纳入资源范畴存在泛化倾向，旅游资源之所以存在，完全是自然的无意识造化或人类因其他目的而创造的成果，是先旅游而客观存在的自然或人文因素。因此为了旅游目的而创造的人造景观不能算是严格意义上的旅游资源，而只能属于对旅游者具有吸引力的旅游吸引物[①]。

传统旅游十分重视物质文化资源的旅游价值，其实，非物质文化遗产与有形的物质文化遗产一样是重要的文化旅游资源。根据 2003 年联合国教科文组织通过的《保护非物质文化遗产公约》的定义，非物质文化遗产是指"被各群体、团体、有时为个人视为其文化遗产的各种实践、表演、表现形式、知识和技能及其有关的工具、实物、工艺品和文化场所"，包括各族人民世代相承的、与民众生活密切相关的各种传统文化表现形式（如民俗活动、表演艺术、传统知识和技能，以及与之相关的器具、实物、手工制品等）和文化空间。与物质文化遗产相比，非物质文化遗产具有如下特点。

（1）传承性。非物质文化遗产主要生长于民间，它的流传不是单纯的继承，而是一种潜移默化的传授，因此具有很强的传承性。口传心授是非物质文化遗产传承的重要方式。

（2）地域性。非物质文化遗产产生于一定的地域，其形成与该地域的环境密切相关，反映着该地域的自然和文化特征。

---

① 张勇. 旅游资源、旅游吸引物、旅游产品、旅游商品的概念及关系辨析[J]. 重庆文理学院学报，2010，29（4）：155-159.

（3）非物质性或无形性。非物质文化遗产不同于有形的物质文化遗产，它以一种变动的、抽象的和依赖于人的观念或精神而存在，它依托一定的载体，但不等同于载体，它是非物质的，但人们可以感受到它的存在。

（4）活态性。非物质文化遗产是活态的文化，它依托于人本身而存在，以声音、形象和技艺为表现手段，并以身体、口头相传作为文化链而得以延续，只有不断开发利用才能使其保持久盛不衰的活力。

（5）民族性。非物质文化遗产是民族灵魂的一部分，存留着浓缩化的民族特色并与民族相连，具有民族的独特性和不可移植性。

通过对非物质文化遗产的了解和对旅游业态变化轨迹的考察，我们不难发现，非物质文化元素早已存在于人类旅游史的各个时代，非物质文化是可以利用的重要旅游资源。其旅游价值体现在以下方面。

（1）满足人们精神愉悦的需要。非物质文化遗产蕴含着浓厚的地方风格和鲜明特色，能够满足人们愉悦身心、调适情绪、增长知识、开阔眼界、锻炼体魄、陶冶情操的目的，提高遗产所在地人们的生活质量。

（2）满足人们的好奇心。如梁祝传说、董永传说等对旅游者具有相当大的吸引力。旅游者在旅游中可以动态地了解文化、认识历史。从游客的角度来看，非物质文化遗产是一个民族和社会关于自己历史的记忆，能够满足人们认知世界、认知历史、认知特色文化的需求，对于身处现代社会的人而言，具有极强的吸引力。

（3）具有潜在经济价值。非物质文化遗产中的一些传统的技艺，非常适合商品产业化的需要，若开发为旅游商品，能够对当地产生巨大经济效益，如皮影画、陶瓷艺术品等。

（4）能提升旅游品位。独特性、艺术性、民族性和地域性，是旅游资源具有吸引力的前提。毋庸置疑，非物质文化遗产是吸引游客的重要元素，有助于提升文化旅游产品的层次和品位，拉长旅游产业链条。

（5）具有文化价值。非物质文化遗产是鲜活的文化，具有原生态的文化基因。非物质文化遗产蕴含着中华民族特有的精神价值、思维方式、想象力，是各民族智慧的结晶。

（6）具有科研价值。非物质文化遗产反映了历史时期科学技术发展状况，是后人获取科技信息的源泉，是考古学家、历史学家、民俗学家、艺术家科学研究的范本，对来自不同专业领域的专家学者具有独特的吸引力，为当地旅游的发展和深层次开发起到了重要作用。

（7）具有教育价值。非物质文化遗产包含了丰富的历史、科学、艺术知识，是教育的重要知识来源，可以对旅游者起到教育的作用。

（8）具有历史价值。非物质文化遗产承载着丰富的历史内涵，是宝贵的历史财富，如民风民俗、方言习语、宗教信仰、节庆庙会等。这些旅游资源对旅游者来说具有相当大的吸引力，旅游者通过旅游可以从中动态地了解历史、认识历史。

非物质文化遗产是重要的可利用的潜在旅游资源。从另一个角度来说，非物质文化遗产介入旅游开发后，其文化价值通过旅游开发得以实现，从而获得更多的保护资金和发展动力。因此，从一定意义上来说，非物质文化遗产的旅游开发利用过程，也是对非物质文化遗产的抢救保护过程。

在一定程度上，非物质文化遗产是作为艺术或文化的表现形式而存在的，它不仅体现了特定民族、国家或地域内人民的独特创造力，而且呈现了物质、精神、行为、制度等成果的独特性、唯一性和不可再生性。基于非物质文化遗产的诸多特性，在开发利用非物质文化遗产旅游资源时，应该把其看成一个系统的工程加以研究。结合人类学、文化学、民族学等研究方法，非物质文化遗产主要有以下五种旅游价值。

（1）较高的历史研究价值。非物质文化遗产是社会的"活化石"，它记录了一个民族文化遗产的发展历史和进程。就其整体而言，非物质文化遗产是一种历史文化的不断创造和积累过程，往往会呈现出十分明显的层次，而具有较高品位的历史价值和艺术价值将会吸引游客，特别是高学历游客。昆曲距今已有500多年的历史，是我国最古老的剧种之一，在它漫长的发展过程中，不断地吸收其他剧种的长处，并对"北曲"逐步改造适应，使之成为"北曲南唱"的代表剧种。因此，作为中国古典艺术的代表，昆曲创作出了《十五贯》《长生殿》《西厢记》等经典曲目，是中国戏剧史上的"活化石"，清晰地呈现出了中国古代戏曲的动态演进轨迹。

（2）多元的艺术欣赏价值。非物质文化遗产一般都具有较高的艺术欣赏价值。仍以昆曲为例，在语言方面，昆曲继承了古代唐诗、宋词、元曲等古典诗歌的优点，采用长短句，使每句都参差错落、亲疏相间，通过字调、韵律、句法结构产生刚柔、轻重和谐的艺术效果；在音乐方面，昆曲把汉语的音乐性发挥得十分充分，呈现出曲牌体的结构形式，唱腔婉转细腻，吐字清晰讲究；在表演方面，昆曲最大的特点是载歌载舞，其舞蹈化和程式化的动作非常优美，显示出较高的观赏价值，对游客有较大的吸引力。

（3）完备的休闲娱乐价值。基于消费文化的增长，人类已经进入休闲娱乐的时代。现代的游客对娱乐性强、功能完备的旅游行业表现出了极大的兴趣。非物质文化遗产产生于民间的生产生活之中，是民众缓解身心、调剂生活的重要方式之一，因此具有丰富的休闲性和娱乐性。现今的旅游产业为了吸引游客的注意力，大部分商家都已完善了休闲娱乐的功能。

（4）奇趣的参与体验价值。作为一种产生于民间的文化形式，非物质文化遗产由民众创造、使用、传承、发展和完善，是民众生活的活态产物，所以民间性这一特质决定其必然具有强烈的参与性和体验性。以玻利维亚的非物质文化遗产奥普罗狂欢节为例，在为期一周的狂欢节上，人们身着艳丽的服装，在大街上跳鬼神舞，以一种特殊的方式进行狂欢，它不仅是正义战胜邪恶的表现，也把传统习俗与宗教文化融合为了一体。此外，我国的彝族、羌族等许多少数民族也会举办大型的篝火晚会，同样也具有参与性强、体验空间大的特点。

（5）鲜明的地域文化价值。地域性是非物质文化遗产的典型特征，是一个地域民间生产方式与生活形态的艺术化印象，同时也是旅游产业发展的重要因素。古琴作为中国的非物质文化遗产，是中国古典器乐艺术的集大成者，其琴弦、琴谱、琴曲、琴制、琴派等，都与中国的儒、道、佛等传统哲学有着密切关系，蕴藏着深刻的历史文化内容。古琴既是一种音乐的演奏形式，更重要的是它在中国社会生活中的重大文化价值。非物质文化遗产中的理想信念、行为规范、价值标准等，都体现着一定社会群体的意志与愿望，它们所具有的经济价值将为社会活动提供更佳的价值导向和更强的精神动力。

非物质文化遗产具有传统与现代的双重特性，是活在当代的传统。因此，在非物质文化遗产的保护过程中，我们应该为其注入新的活力，使其与重点产业的发展紧密地结合起来，更好地融入今天的社会生活，为我们未来社会的发展、传承提供优秀的文化因子。

三、非物质文化遗产与旅游产品

对于旅游产品的概念，学者们分别从不同角度来定义，有的从旅游需求角度定义，有的从旅游供给角度定义，也有的学者从供需两方面结合来定义，比较有代表性和影响力的是林南枝、陶汉军。他们认为，从旅游目的地角度出发，旅游产品是指旅游经营者凭借旅游吸引物、交通和旅游设施，向旅游者提供的用以满足其旅游活动需求的全部服务，而从旅游者角度出发，旅游产品就是指游客花费了一定的时间、费用和精力所换取的一次旅游经历。田里在其《旅游经济学》中也几乎和林南枝、陶汉军持相同的观点。

对于这种"经历观"，谢彦君、王玉明等学者提出了异议。把旅游产品看作旅游者的"一次旅游经历"不太妥当，这是因为把旅游者的消费过程视为旅游产品，在逻辑上是不成立的。产品是用来满足需求、供应消费的，但产品本身不等于需求与消费，需求与消费过程也不是产品。如果把旅游者的旅游经历也视作旅游产品，那就极大地扩展了旅游产品的外延，把作为消费者的旅游者也作为了旅游产品的生产者，所以旅游产品应从旅游供给角度给予界定。因此，可将旅游产品定义如下：旅游产品是旅游生产者和经营者为满足旅游者的需要，在一定地域上生产或开发以供销售的物象和服务[①]。

非物质文化遗产与旅游开发之间是一种耦合互动关系。非物质文化遗产因其文化的独特性和艺术价值，为旅游开发提供了良好的资源基础，同时其独具特色的文化内涵而产生的旅游吸引力从深层次推动旅游发展，为旅游的发展注入丰富的内涵，成为旅游的灵魂。另外，旅游开发势必会对非物质文化遗产进行改造，这些变化将对非物质文化遗产产生或多或少的积极或消极的影响。这种互动发展、相互联系的关系，在非物质文化遗产的保护与开发之间找到一个平衡点。在保护前提下，可持续发展旅游，在非物质文化遗产的传承保护与旅游开发获得最大的社会经济综合效益之间寻找平衡。

非物质文化遗产旅游产品是以非物质文化遗产作为吸引物，围绕其非物质文化遗产的体验、欣赏、传承、创新等内容的多种类型旅游活动的集合，并配套以相关的旅游服务设施。简言之，就是为旅游者提供的全部有形产品和无形服务。在市场营销的相关理论中，以非物质文化遗产资源所在地为原点，依据其吸引力的大小，吸引不同范围内的游客为指标，将旅游产品分为三个层次，称为文化旅游产品 CAB 架构。对于地区旅游的发展来讲，有利于明确发展重点，确定旅游产品的层次结构，有重点地推进旅游发展，实现区域旅游的发展。

---

① 张勇. 旅游资源、旅游吸引物、旅游产品、旅游商品的概念及关系辨析[J]. 重庆文理学院学报，2010，29（4）：155-159.

四、非物质文化遗产与旅游商品

产品与商品的区别是：产品是经过人类劳动生产或加工，具有使用价值和价值的劳动物品。商品是为了交换或出卖而生产的劳动生产物，是使用价值和价值二重性的统一体，只有用来交换的产品才能称为商品。尽管产品和商品存在差异，但今天指向的多为同一客体，只是分别从生产和交换角度指向而已。旅游产品则不同于一般的产品，由于旅游具有异地性的特征，所以旅游产品是供外来的旅游者享用的，没有生产出来只供自己使用的旅游产品。换句话说，不交换的旅游产品是不存在的，使用"旅游商品"这个词汇可能更为准确。但是，一直以来，人们已经习惯用旅游产品（Tourism Product）来指代本应由旅游商品表示的旅游物品，并将旅游购物品、旅游消费品、旅游纪念品称为旅游商品，所以我们还是应该把旅游产品和旅游商品区别开来，旅游商品就是旅游购物品，特指旅游用品、旅游纪念品、旅游消费品等，它属于旅游产品。这样一种约定俗成有利于学术研究的规范，学界也无须从字面上去探究它的缺陷了，做一个统一的界定即可。

从旅游发展的实践及其趋势来看，某一业态是否具有旺盛的生命力，不仅取决于它是否能满足顾客的需求，而且采用什么样的经营方式和管理方法也是十分重要的因素。因此，必须高度重视旅游业态的开发和经营模式的创新。非物质文化遗产的特点和价值对旅游业态创新具有重要意义。可以说，旅游新业态的构建，离不开非物质文化元素。同样，对非物质文化遗产的开发，也需要与旅游业态的构建相结合。那么如何从旅游的角度来开发非物质文化遗产，又如何在开发中体现业态的创新呢？

非物质文化遗产有其自身特点，开发中必须结合其特点分类开发。不同属性类型的非物质文化遗产的旅游开发模式也应有所不同，如表演类的可开发旅游演艺产品，民俗类的可进行旅游节事活动的策划，而技艺类的则较适合旅游商品的开发等。

从某种程度上来说，民俗旅游与非物质文化遗产旅游之间有一定的共同点，因此，很多学者在研究非物质文化遗产的旅游产品开发时，经常会参考民俗旅游的开发模式，但是就不同类别的非物质文化遗产旅游开发形式来说，还需要进行更深入的研究。在开发非物质文化遗产时，根据旅游业的使用情况，对非物质文化遗产进行划分。传统的表演艺术、民俗活动、节事庆典等都是比较适合转化为旅游资源并为旅游开发所用的非物质文化遗产。想要完成非物质文化遗产的开发，需要一个系统复杂的开发工程，要科学地论证和系统地规划，才能开发出有浓郁特色的文化遗产，以促进旅游业的发展。依据当前非物质文化遗产的生存现状，可以将其划分为静态和动态两种开发模式。前者主要是指博物馆和文化生态保护区等模式，后者主要是指主题公园和节庆等模式。

五、利用非物质文化遗产发展旅游产业的基本原则

第一，创立非物质文化遗产的旅游品牌效应，推动非物质文化遗产的产业化发展，让人类共有的财富得到全世界的关注和保护，是申报世界遗产的初衷。然而，越来越多的人关注"申遗"，是因为"世界遗产=世界名片=注意力经济"的认知，是因为世界遗产所带来的巨大的旅游品牌效应和社会效益。无形的非物质文化遗产的经济拉动力也许比不上物质类遗产，但它也是一张烫金的世界名片，将会引起整个人类社会和各级政府的高度重视。加入"世遗"的项目，会引起世界各地许多文化专家和文化机构的浓厚兴趣，他们的参与研究，或者通过他们带来的一些技术、资金的支持，不对项目本身，还能对当地的旅游业起到良好的带动作用。口头和非物质文化遗产具体体现在当地的民族民间文化中，也是当地文化产业中可持续发展、具有显著社会效益和经济效益的世界品牌。借"申遗"东风，当地的旅游产业和文化产业都将得到升华。非物质文化遗产是一定时期人民群众基于一定的生产、生活活动而创作的，如果不根据市场需求，积极拓展其内涵与外延，那么就会逐步失去当初的生机与活力。同时在传承中创新、在利用中发展就能进一步提升价值。从旅游观赏和游览的生动性来考虑，必须挑选一些可游、可望、可参与的民俗活动来构成旅游资源。

对于那些缺乏观赏性，显得呆板、生硬的民俗仪式或过于一般化的民俗事象，应该排除在旅游资源之外。实践证实，非物质文化遗产既要保护，更要积极利用，束之高阁、抱残守缺固然不行，乡下狮子乡下舞，孤芳自赏也不行，要面向市场、面向未来，在捕捉市场生机、赋予时代新意中积极利用，把非物质文化遗产的利用纳入世界发展的格局中去思考，重点加工和打造一批文化品牌产品，争取最佳社会效益和经济效益，这样才能从根本上推进非物质文化遗产的可持续发展。

　　第二，提高人们对非物质文化的保护意识。以利益机制调动对非物质文化的自觉保护。非物质文化遗产从某种程度上说比物质遗产更为珍贵，因而受到旅游者普遍欢迎，能够为旅游经营者、为社会带来巨大的旅游效应和经济效益。为了发展旅游，为了拉动经济，或多或少都会促使各级政府及旅游经营者们自觉地保护非物质文化遗产。作为旅游品牌产品，能够得到宣传、交流，增强民众的保护意识。鉴于非物质文化遗产的旅游品牌效应，各地纷纷发掘本地优秀的非物质类民族民间文化遗产，纳入旅游发展计划。即使这种举措的本意是冲着经济效益而去，从另一方面看，也能促使这些非物质文化遗产得到宣传、交流、创新，能够扩大其在民众中的影响力，增强他们的保护意识。保护为主，旅游为辅，以旅游促保护，以非物质文化遗产促进旅游业的发展。虽然旅游能极大地带动对非物质文化遗产的保护，然而我们却不能忽视旅游业的负面影响，一些唯利是图的人为了获取经济价值，全然不顾"旅游可持续发展"的命题。针对各地大肆利用非物质文化遗产的旅游经济效益进行破坏性开发的情况，除上文所提的及早立法、以强制手段加强管理等手段外，迫切需要树立"保护第一、保护重于利用"的理念，实施保护与利用的协调战略，将"非物质文化遗产的可持续发展"命题落实到底。

　　第三，树立旅游形象及品牌价值。非遗可以树立目的地的旅游形象，加深地方文化内涵，是进行旅游规划的重要因素。提升旅游产品的艺术、审美和体验价值，非物质文化遗产具有无可比拟的艺术技巧，独具魅力的艺术形式让我们揣摩他们表达的意图和情感，体会艺术带给我们的情境体验；利用非物质文化遗产设计的旅游产品也具备体验价值，即所谓的体验旅游，重点强调游客的参与性与融入性，追求精神领域的满足，是继观光旅游之后的一种更高形态的旅游方式。

　　第四，提高非物质文化遗产在旅游产业领域的经济价值。非物质文化遗产是文化及文化遗产的重要组成部分，拥有较高的文化价值，按照文化经济学的解释，文化价值可以转换为文化资本，最终实现其经济价值。

　　弘扬传统文化，构建和谐旅游的社会文化价值。非物质文化遗产在很大程度上体现的是传统文化，是进行传统文化教育的活生生的素材，具备良好的旅游教育功能。如果能合理地对非物质文化遗产进行旅游产品化开发设计，使旅游者在完成旅游活动的过程中，真切地感受和体验到非物质文化遗产的文化内涵，能够增强人们的民族自豪感和认同感。

第四节　非物质文化遗产利用与文化产业发展

　　伴随物质生活水平的不断提高，人们对文化消费的需求也越来越突出。非物质文化遗产是在不同的历史时期、不同的社会环境中各民族所创造出的优秀文化成果，也是最能展现出各民族文化多样性和独特性的活态文化形式之一，所以非物质文化遗产的保护和传承与一个国家的文化产业发展水平有着紧密的联系。

　　一般来说，非物质文化遗产的保护水平取决于一个国家文化产业的发展程度和文化政策的制定情况。因此，在非物质文化遗产的传承和保护方面，联合国教科文组织积极倡导缔约国在国家一级保护工作层面上，应该注重提高文化政策的制定和执行水平，并积极发展文化产业。

　　随着科学技术的发展和全球化进程的加快，非物质文化遗产具有的不可代替性和不可再生性更加凸显出其稀缺性的特点，同时由于保护措施不够得当，许多非物质文化遗产都面临着消逝的命运，这就为非遗的传承制造了较大的困难。然而，事物都是具有两面性的，稀缺性虽增加了非物质文化遗产保护的难度，却使其经济价值不断增加，成为最能体现出文化差异性的民族资源，并具备了文化产业资本的潜质。非物质文化遗产包含内隐性和外显性两种文化产业资源，内隐性一般是通过文化载体或氛围呈现出来的，是民俗文化的深层次内涵；而外显性则属于民族服饰、特色建筑、民间舞蹈、生活方式等民俗文化及相关的生活事项。高层次的民俗文化十分重视营造文化环境和文化氛围，它既需要特色的民俗文化作为载体，还必须能够充分地体现出该文化的生长环境和氛围，即原汁原味的非物质文化遗产内隐性和外显性的结合体。

　　我国民间文化的土壤十分肥沃，几乎一山一水、一草一木、一街一桥都有着脍炙人口的美丽传说，被赋予了丰厚的文化内涵。在保护非物质文化遗产的前提下，我们可以开发出一批具有地方特色、民族特色的文化旅游、生态旅游及红色旅游资源，加上工艺美术品、字画、珠宝、花卉、科技馆、文化馆、艺术馆、博物馆等文化产业资本，进而将其打造成为具有优势价值的文化产业平台。在利用非物质文化遗产的某项资源研发文化产业时，首先要评估该立项资源，对其开发的可行性、投入产品的回报性和可靠性等都要有明确的分析数据，进而找到一个适合的"度"。在建立文化产业的过程中，我们还必然要受到投资环境、人力资源、投资渠道、监督机制等多方面因素的影响，非物质文化遗产不仅是外在的形象，更重要的是一种民族文化的反映和镜像。

非物质文化遗产是由联合国教科文组织提出并在全世界范围内倡导的，在非物质文化遗产的保护方法上，联合国教科文组织指出，在确保非物质文化遗产未被破坏的前提下，尽可能地提早使其进入市场，并通过切实可行的市场运作模式，完成对非物质文化遗产的全面保护与潜能开发。在我国社会主义特色的市场经济大环境下，非物质文化遗产终究要走出博物馆，走向社会和市场。非物质文化遗产走入市场的过程就是非物质文化遗产文化产业化的进程，是其生存和发展下去的必经道路。文化产业化的发展道路有利于非物质文化遗产的保护和传承，这种让非物质文化遗产不断发展壮大，形成产业化规模的方式，才能实现传统文化中社会价值、文化价值和经济价值共赢。现阶段，我们把非物质文化遗产与网络、科技、现代媒介相接轨，用影像的手段来保护非物质文化遗产，对文化产业有了全新的认识。我们还可以采用现代科学技术来传播非物质文化遗产，如把传统的非物质文化遗产变成新媒体时代下的动漫形式或网络游戏形式。对传统文化配以电视制作、动漫设计、软件开发及曲艺项目等产业化发展，让非物质文化遗产得到最大价值的利用，既保护和传承了非物质文化遗产，又弘扬了民族文化的多样性，还可以促成文化产业的升级。

一、非物质文化产业及其发展

关于文化产业的概念，联合国教科文组织给出的定义为："就是按照工业标准，生产、再生产、存储及分配文化产品和服务的一系列活动。"从文化产品的工业标准化生产、流通、分配、消费的角度进行界定，学术界对文化产业有多种解释，并从中衍生出文化创意产业。英国经济学家约翰·霍金斯被认为是世界创意产业之父，他认为，版权、专利、商标和设计四个部门共同构成了创意经济和创意产业。张晓军认为，文化创意产业通常是指"源自个人的创造力、技能和天赋，通过知识产权的开发和运用，具有创造财富和就业潜力的行业"。[①]

根据《中国文化产业年度发展报告（2013）》的统计，2012 年全国文化产业总产

[①] 张景明，杨晨霞. 美术类非物质文化遗产衍生品产业化前景及发展路径探析——从辽宁省文化产业的发展状况论起[J]. 通化师范学院学报，2016，37（3）：13-18.

值达 4 万亿元。《2014 中国文化产业年度发展报告》中指出，2013 年中国文化产业增加值预计将达 2.1 万亿元，约占 GDP 比重的 3.77%。说明文化产业的产值和在 GDP 中所占比重都有了很大的提升，对拉动国民经济的发展有很大的作用。这里所指的文化产业基本上是传统的出版发行、广播、电视、电影、网络等，非物质文化遗产资源所占的比例很小，这就为遗产资源的产业开发提供了很大的空间。在经济新常态下，文化产业的快速发展是培育新增长点的必然要求。文化产业自身要实现由低端到高端形态的转型升级，必须借力于迅猛发展的网络信息技术，持续推动文化产业的跨界融合。2015 年两会期间，李克强总理在政府工作报告中提出"互联网+"的新理念。（移动）互联网与各个行业相融合，催生了内容产业新生态，包括创意与设计、信息传输、休闲娱乐等领域，为文化产业的发展带来全新契机。互联网构建了新的文化产业生态链。文化产业要在供给侧不断创新提升，在新生态链中明确自身的定位。文化产业以网络平台为基础，以非物质文化遗产作为创意资本、经济资本、文化资本、社会资本、人力资本和技术资本，可以展开影视、音乐、动漫、游戏等多领域、跨平台的商业拓展，整合内容创意设计、资金筹措、产品生产、营销推广、服务创新等价值链环节。非物质文化遗产与新型文化业态的跨界融合，能够改变传统的生产与消费模式，转变传统的价值增长机制，推动文化创意产业链向附加值高的两端延伸，有利于优化我国整体的经济结构。同时，将非物质文化遗产产品化、产业化有利于将其有效转化为新型的优势资本，文化产业经济增长由要素、投资驱动转向创新驱动，是科学认识新常态、积极适应新常态的重要举措。

非物质文化遗产的差异性特征有利于满足消费者求新、求异的文化需求。作为符号消费，文化产品的消费更多是一种差异性消费，如果缺少区别于其他产品的独特符号价值，文化产品就会失去市场竞争力。因此，发展文化产业的首要问题就是要在文化差异中提取可用的文化资本。各地区非物质文化遗产的原创性决定其具有独特性、唯一性、不可再生性、不可替代性和稀缺性等特征，从而使其产生经济价值的增值性，成为最能体现差异性的文化资源，并具备进入文化产业成为文化资本的潜质。因此，非物质文化产品生产商在了解消费者偏好的基础上，主动丰富产品的差异性价值，提供消费者观察、感受、体验异地或异质非物质文化遗产，是文化产业未来发展的一个重要方向。另外，非物质文化遗产的体验性特征有利于满足消费者介入、参与的文化需求。大部分非物质文化遗产是各个民族在历史发展繁衍中集体创作、世代流传的智力劳动成果，往往同当地的人文风俗、发展水平紧密相连，其不特定性特点带来广泛的群众基础和强烈的参与性。从这点来看，非物质文化遗产体验性强的特征与文化消费的本质是契合的。

非物质文化遗产与新型文化业态的融合有利于满足消费者多样、便捷的文化需求。现代社会，网络作为重要的消费渠道在人们娱乐文化生活方面日益发挥重要作用。文化产品、服务提供商也借助互联网、电商平台，不断开展线上线下对接与合作。互联网作为兼容性极强的主流平台，有很大的融合空间，可以和非物质文化遗产多个领域广泛合作，形成新型非物质文化业态。因此，非物质文化遗产与新型文化业态的融合有助于更好地利用互联网这一平台，挖掘、培养出稳定的文化消费群体，从而满足消费者多样、便捷的文化需求。

随着现代社会广播、电视、互联网的普及，民众信息化途径越来越多元化，非物质文化遗产日益失去受众基础，面临被遗忘和逐渐消失的威胁。王德刚、田芸综合了世界非物质文化遗产保护、传承的四种模式：政府供养（或补贴传承人）模式、教育传承模式、原生态保护模式、旅游模式，并认为有意识地创造良好的非物质文化遗产传承环境和真实的文化空间，让其在新的环境和土壤里找到新的生存方式，是目前非遗保护和传承中所面临的根本性问题。产业化可以成为非物质文化遗产现代生存的另外一种模式，正如《中华人民共和国非物质文化遗产法》第三十七条指出："国家鼓励和支持发挥非物质文化遗产资源的特殊优势，在有效保护的基础上，合理利用非物质文化遗产代表性项目开发具有地方、民族特色和市场潜力的文化产品和文化服务。"在非物质文化遗产保护的基础上，探寻非物质文化遗产与新型文化业态融合的内在机制，并分析非物质文化遗产的组合状况、类型划分、转化路径等，可以发现其保护与利用的薄弱环节和重点方向，将过于分散、零碎但具有开发价值的非物质文化遗产融入各地文化产业发展大格局，形成保护与利用的良性循环。目前许多非物质文化遗产后继乏人、传承主体老龄化严重，甚至面临着人亡艺亡的尴尬处境。在网络时代，非物质文化遗产与新型文化业态融合可以改善非物质文化遗产的传承难题。例如，可以通过视频网站、微信、博客等互联网平台，将非物质文化遗产文化产品和服务传播、渗透到网民的日常生活，让更多人了解、喜欢非物质文化遗产。如让非物质文化遗产代表性传承人通过视频方式，将自己的技艺上传到网络平台，借此在全国乃至全球寻找喜欢非物质文化遗产的青年，并推荐给他们感兴趣的技艺，有利于解决非物质文化遗产传承中师资、生源信息不对称及传授成本高等问题。又如，充分利用互联网的商业环境，激发网民在了解非物质文化遗产的过程中产生消费行为，营造非物质文化遗产传承人与消费者的沟通交流、产品购买、产品定制等平台，创新非物质文化遗产产品和服务变现的新方式，从而提高非物质文化遗产传承人的经济收益。

　　探讨非物质文化遗产与新型文化业态的融合，也与国家近年来鼓励文化业态创新、文化产业融合发展等产业政策导向具有一致性。2009 年 9 月，国务院发布的《文化产业振兴规划》明确了当前和今后一个时期的八项重点任务，其中之一即"发展新兴文化业态"。2012 年 2 月，中共中央办公厅、国务院办公厅印发的《国家"十二五"时期文化改革发展规划纲要》提出，要"推进文化产业结构调整，发展壮大出版发行、影视制作、印刷、广告、演艺、娱乐、会展等传统文化产业，加快发展文化创意、数字出版、移动多媒体、动漫游戏等新兴文化产业"，强调在发展传统文化产业的同时，加快发展新型文化产业。同时，该纲要还指出："对具有一定市场前景的非物质文化遗产项目实施生产性保护""加大财政、税收、金融、用地等方面对文化产业的政策扶持力度，对文化内容创意生产、非物质文化遗产项目经营实行税收优惠"。2014年 3 月，国务院发布的《关于推进文化创意和设计服务与相关产业融合发展的若干意见》也提出"依托丰厚文化资源，丰富创意和设计内涵，拓展物质和非物质文化遗产传承利用途径，促进文化遗产资源在与产业和市场的结合中实现传承和可持续发展。"综上所述，非物质文化遗产与新型文化业态的融合能带来文化产业、消费者、非物质文化遗产本身的共赢，也与国家产业政策导向具有一致性，但在产业实践中如何实现这种融合，还须进一步探讨其内在机制。

二、非物质文化遗产与文化产业的关系

　　国家统计局颁布了新修订的《文化及相关产业分类（2012）》标准，文化及相关产业被分为十个大类，在"文化艺术服务"的"文化遗产保护服务"中包括文物及非物质文化遗产保护，可见历史文化遗产与非物质文化遗产已经被列入文化产业领域。这里所指的遗产强调了保护，在保护的前提下予以合理利用。遗产属于不可再生资源，如果直接把遗产开发成文化产业，这是破坏而非保护，不利于遗产的可持续发展。所以说只能把遗产的衍生品进行产业化，或者利用遗产的元素进行文化创意产业的研发，不要错误地理解成把遗产直接转化为文化产业。

　　在现代社会生活中，保护和传承非物质文化遗产将有利于推动我国文化产业的发展。保护和传承非物质文化遗产，有助于促进我国文化方面的立法工作，提高文化政策的制定与执行水平。由于政府是权势和公共资源的代表，所以政府文化政策的制定

和执行直接作用于非物质文化资源的配置、使用和成效。联合国教科文组织规定，国家一级保护非物质文化遗产需要配套的国内法律、政策和行政环境。2001年《世界文化多样性宣言》提出："每个国家都应在遵守其国际义务的前提下，制定本国的文化政策，并采取其认为最为合适的行动方法，即不管是在行动上给予支持还是制定必要的规章制度，来实施这一政策。"[①]我国在保护非物质文化遗产的过程中，缺少完整、全面、配套的法律环境，大部分的法律文件还在拟定中；而政府文化行政部门管理的主要是精英的、上层的、可见的、物质的文化遗产，对于民间的、生活的非物质文化遗产并不能行使有效的管理职能，没有一个高效的、统一的管理机制。因此，保护非物质文化遗产需要我们加强立法、政策的制定和文化行政方面的相关工作。

保护和传承非物质文化遗产，有利于增进我国文化产业的发展潜力。当今，在文化物品和文化服务的流通和交换方面，世界上存在严重的失衡现象，发达国家比发展中国家具有明显的文化产业优势。我国在世界文化流通与交换中同样也处于被动的地位，一方面大量的西方文化产品销往我国国内，另一方面我国大量的文化资源不断地流往国外，并且我国文化资源流往国外的现象要更为严重一些。目前，"许多外国人借商贸、旅游、学术交流之机进入我国民族地区，大量采集、收购、记录和使用少数民族民间文学艺术，甚至通过非法渠道买卖少数民族文物，形成了一股变相文化掠夺的浪潮，造成了文化资源的大量流失。在西南、东北等少数民族文化艺术丰富的地区，许多外国人深入村寨，低价收购民族服装、头饰、配饰，而且有的专门收购年代久远的工艺品，或者收录歌曲、舞蹈等民间艺术，制作光盘，或出版作为自己的研究成果"。[②]因此，我们国家需要大力发展文化产业来改变这种原始文化流失的状况，即合理地保护和开发利用非物质文化遗产，提高其开发和研究的产业化程度，增强文化综合国力，加大对非物质文化遗产当事人权益的保护力度。

只有大力发展文化产业，才能实现我国文化物品与服务在世界流通与交换中的平等地位，所以要重视数字技术的研发。联合国教科文组织指出，要树立平等的文化观，必须消除非物质文化遗产交流与对话之间的"数字鸿沟"。处于文化的消费时代，我国更应该保护非物质文化遗产政策的制定与执行，在实践中增进我国文化产业发展的

---

① 参见2001年《世界文化多样性宣言》.

② 张庆善. 中国少数民族艺术遗产保护及当代艺术发展国际学术研讨会论文集. 北京：文化艺术出版社，2004.

步伐，充分利用全球化和数字技术带来的优势，以有效地手段保护本国的非物质文化遗产，提高本国文化产业在国际交往中的话语权。

三、非物质文化遗产与文化产业门类

我国国家统计局制定的《文化及相关产业分类（2012）》规定的文化及相关产业是指"为社会公众提供文化产品及文化相关产品的生产活动的集合"。我国文化及相关产业的范围包括：

（1）围绕文化主题进行创作，从文化的创作、制造、传播、展示等方面形成优秀的文化产品，满足人们的精神需求；

（2）为实现文化产品生产所必需的辅助生产活动；

（3）作为生产文化产品的载体或销售的活动；

（4）生产文化产品的专用设备所进行的相应活动，同时包括这些专用设备的制造与销售[①]。

四、利用非物质文化遗产发展文化产业的基本措施

文化部在 2012 年颁布了《关于加强非物质文化遗产生产性保护的指导意见》，在这个文件中提出了非物质文化遗产生产性保护的概念，即"在具有生产性质的实践过程中，以保持非物质文化遗产的真实性、整体性和传承性为核心，以有效传承非物质文化遗产技艺为前提，借助生产、流通、销售等手段，将非物质文化遗产及其资源转化为文化产品的保护方式"。在这个概念中，首先，非物质文化遗产要有生产性质的实践过程；其次，要保持遗产的真实性、整体性、传承性的特征；再次，要借助生产、流通、销售的手段；最后，将其资源变为文化产品，并强调是一种保护方式。因此，从概念上看，不是所有的非物质文化遗产都可以实现生产，而是有限定的领域，该文件中说："这一保护方式主要在传统技艺、传统美术和传统医药类非物质文化遗产领域实施。"说明非物质文化遗产的生产性保护存在着一定的局限性，但是为非物质文化遗产衍生品转化为文化产业提出了指导性的建议。

---

① 刘凯. 文化产业创新促进文化产业发展研究[D]. 东北大学，2014.

在学术界，关于非物质文化遗产产业化的问题学者们一直在进行讨论。有的学者认为，非物质文化遗产必须与旅游相结合，才能走向产业化。如色音的《试论蒙古族非物质文化遗产的旅游开发》一文，以成吉思汗祭奠为例，提出借助其文化价值和资源优势，依托旅游业的文化产业性质，促进民族地区经济发展。王燕琦在《非物质文化遗产亟待抢救保护》中说："文化遗产今后应向文化产业转化，一旦形成品牌效应，将推动旅游业等产业的发展。"有的学者认为非物质文化遗产发展的重要之路就是商业开发，如邵长波在《非物质文化遗产背景下土家族织锦发展现状研究的调查报告》中指出，将非物质文化遗产项目作为商业开发，必须把握好"度"的问题，不能用粗制滥造的产品充实市场。李昕在《论非物质文化遗产保护产业化运作的可能性》中提到，要将非物质文化遗产中所蕴含的文化符号作为发展文化产业的文化资源，如传统节日可以发展旅游业，民间戏曲可以进入演出市场，民间服饰元素可以提升纺织业的竞争力等。类似这样的研究成果有很多，无论是哪一种观点，总体上都支持非物质文化遗产的产业化。但是，也存在另外一种认识，就是非物质文化遗产的不可产业化观点，如陈岸英的《人类口传及无形遗产——保护什么？如何保护？》，强调原生态保护，产业化"不仅不能复兴一个崩解中的文化活体，反倒只能加速它的死亡"。总的来说，学术界多数学者主张将非物质文化遗产资源进行合理利用，使其走向产业化，并以此发展文化产业，只不过产业化的前提条件就是保护[①]。

文化产业是国家发展战略的重要组成部分，也是关系国民生计的大事。地方政府、企业、市场和个人分别应该扮演什么样的角色、多方力量是否能统筹规划、实现非物质文化遗产文化的可持续发展，是最紧迫和复杂的问题。2014年3月5日，文化部、财政部联合印发了《藏羌彝文化产业走廊总体规划》，这是我国第一个国家层面的区域文化产业发展的专项规划，涉及川、黔、滇、藏、陕、甘、青七个省区。

非物质文化遗产产业化是非物质文化遗产保护的一种有效途径。如果找到较好的契合点，非物质文化遗产产业化能产生"多赢"的效益，但并非所有非物质文化遗产项目都适合进行产业性开发，非物质文化遗产项目纳入产业化的发展中也要考虑非物质文化遗产项目的属性。一般与现在民众生产仍息息相关的非物质文化遗产项目在产业化的过程中发展较好，如传统技艺、传统医药、传统美术等类别，具有很大的开发潜力，在当地的民众生活或旅游景区中都占有一定的市场，因此在产业化的过程中，

---

① 张景明，杨晨霞. 美术类非物质文化遗产衍生品产业化前景及发展路径探析——从辽宁省文化产业的发展状况论起[J]. 通化师范学院学报，2016，37（3）：13-18.

其优势也能明显地凸显出来。这要求在保护性开发的过程中要具体对待，如民俗及传统技艺类的项目只有呈现其动态性的一面，才能避免其在产品的开发过程中"失真"。对不同类型的项目进行可持续生产的前提在于对项目的文化解读与开发，一旦开发成功，就具有可重复利用的价值。民族元素也可以以不同的形式融入产品之中，例如，对传统美术绘画类项目中的图案、纹样能够以不同的形式附着于不同的产品中，相同的纹样也可以运用在服饰、饰品、工艺品、器具中等。

地方特色和民族元素如何与时代结合，如何在保持地方特色的基础上，使得民族元素与时代相结合是值得思考的问题。以彝族服饰为例，"保持服饰产业的发展应该是两条腿走路，一个是保持传统文化的精髓，另外一个是传统服饰如何走向现代化，如何与市场结合在一起，这是一个比较迫切的过程，比如说彝族服饰和彝族生存的环境、居住的条件密切相关。彝族更多居住在高山上，在这种情况下，他们对面料的需求以羊毛、毛纺织为主，那么衣物肯定会很重，很厚实，这和现代的审美需求有可能会相差一大截，比如说这个面料款式和现在的市场应该结合在一起，这是比较迫切的一个过程。"陈丹在《凉山彝族传统漆器工艺当代传承与发展调查》中提出他的看法，企业应该开拓视野，不断提升自我的创新开发水平，设计、制造出满足旅游市场和现代人审美需求的高精产品，大力实施精品战略。从上述观点中可以看出，现代审美需求成为衡量产品开发成功与否的重要标准，而民族产品最大的缺陷是其鲜亮、繁缛、厚重与现代审美所追求的大方、简约、轻薄相违背，如果在对民族元素进行再设计，对纹案、色彩进行再处理，或者在符合主流审美的产品中融入少量民族元素，都能有效地解决这一冲突①。

坚持积极保护与利用并重，实施分类保护和开发，打造少数民族非物质文化遗产资源链。从产业开发角度来看，并不是所有的非物质文化遗产项目都能产业化。然而传统工艺类本身就具有生产性，对于这类非物质文化遗产采取生产性保护方式是合理的。对于附加值高、已获大众消费认可、与市场经济属性结合度较高的非物质文化遗产项目，可运用市场化策略进行规模化生产销售。而一些不被现代大众消费认可的工艺，就不能单纯从文化产业层面运作，而应从文化事业或文化遗产的属性上思考如何保护传承。要对少数民族非物质文化遗产项目的类别特点及其生存状态进行研究，尽快建立符合各自特点和实际的分类保护与开发的标准规范。另外，还要区分传承人

---

① 杨静，唐经伟. 四川省凉山州非遗文化产业发展现状调查与思考[J]. 通化师范学院学报，2016（11）：37-43.

所从事的非物质文化遗产传承与开发商所从事的非物质文化遗产产业化开发。前者是生产性保护，后者利用非物质文化遗产文化元素进行产业开发。发展民族文化产业，不宜用统一方式去评估，通过分类评估，对少数民族非物质文化遗产资源进行整合、规划。

　　坚持政府管理和市场运作相结合，构建少数民族非物质文化遗产产业化支撑体系。文化产业本身具有社会效益的要求，而非物质文化遗产相关的文化产业更为特殊，兼具的公益性更明显，政府的引导作用就很关键。政府要鼓励非物质文化遗产市场化，以实现非物质文化遗产现代转型。要制定少数民族非物质文化遗产的分层保护开发管理政策，在文化分层保护的基础上实现非物质文化遗产的良性开发。要对非物质文化遗产产业的发展进行规划和引导。应扶持非物质文化遗产类文化产业，提供优惠的财税和投融资政策，设立开发基金，激励非物质文化遗产产业化发展。非物质文化遗产相关企业要充分利用市场运作机制和产业运作力量，盘活和开发含金量高并可以经营的非物质文化遗产资源。如针对民族手工技艺生产的现状，按照现在的企业制度建立一定规模的民族文化艺术企业集团，实现家庭作坊企业化、生产方式产业化，并做大做强。引导文化企业对非物质文化遗产的保护承担起社会责任，积极寻求少数民族非物质文化遗产保护的途径和与商业良性互动的模式，以促进文化企业和民族文化产业自身的可持续发展。

　　注重文化创新与传承，在保持原真的基础上创新，延长民族文化产业链。保持原真性是少数民族非物质文化遗产生产性保护的关键。不论采用何种方式，包括生产性方式和产业化方式，都必须以非物质文化遗产项目的核心技艺（不仅是技术）和核心价值（原本的文化内涵）得到完整的保护为前提，而不是以牺牲其技艺的本真性、完整性和固有的文化内涵为代价。但坚持原真并不等于不能有创新。在充分尊重非物质文化遗产项目的真实性，保护好原真形式和核心内涵的前提下，完全可以对项目进行再创作、展示及产品开发。如对于手工制作和机器生产的矛盾，一方面可以走纯手工的高端市场，不必担心没有市场，科技越发达，传统工艺越复兴；另一方面可根据市场的需求在守住手工制作核心技艺的前提下，寻找生产性保护与产业开发的良性互动，适当引入机械生产，尝试传统手工生产方式与现代机器工业生产方式相结合。对少数民族非物质文化遗产项目不断发掘，以传统文化和技法为核心，进行深入性、延续性和创新性的开发，生产更多适合现代人审美需求的产品，开拓文化市场，将现代科技与传统手艺相结合，提升附加值，延长民族文化产业链。

思考题

1. 举例说明非物质文化遗产经济价值的表现形式。

2. 非物质文化遗产的经济价值有几种特性？并加以说明。

3. 保护和传承非物质文化遗产对我国文化产业的发展有哪些好处？

4. 阐述非物质文化遗产的旅游价值。

第六章 非物质文化遗产的管理

第一节 非物质文化遗产管理的概念

当前，在非物质文化遗产的保护传承过程中，由于长期过于强调"确认""立档""研究""保存"等基础性工作，而忽略"宣传""弘扬""传承""振兴"等，致使非物质文化遗产的发展面临困境。一些非物质文化遗产也因为遭受过度开发而濒临失传。今天，要走出非物质文化遗产发展"轻保护重利用"的困境，必须在其管理上进行探索，因为"非物质文化遗产的保护问题只是其表，完善管理模式才是根本"[①]。

一、非物质文化遗产管理的相关概念

（一）管理

作为人类各种组织活动中最普遍和最重要的一种活动，管理是由一定组织中的管理者，通过计划、组织、指挥、协调及控制等职能要素组成的活动过程，通过协调和监督他人的活动，有效率和有效果地完成工作[②]，以便实现既定的组织目标。管理有主体、客体、目标、方法、理论五大要素。管理主体是行使管理的组织或个人。管理客体是管理主体所辖范围内的一切对象。管理目标是管理主体想要达到的结果。管理

---

① 王会站. 非物质文化遗产管理模式创新研究[J]. 广西社会科学，2014（5）：59-64.

② 斯蒂芬·P. 罗宾斯，玛丽·库尔特. 管理学[M]. 9版. 北京：中国人民大学出版社，2008：7.

方法是管理主体对管理客体发生作用的途径和方式。管理理论是指导管理的规范和理论。

（二）文化遗产管理

文化遗产管理属于管理的一种，是指"为了保护文化遗产的文化价值以满足当代和未来人类的享受需要而进行的系统性保护"①，包括物质文化遗产管理和非物质文化遗产管理。文化遗产管理的目标是保存和维护人类文化遗产的代表性样本，为文化遗产保护提供某种结构。目前，文化遗产管理已经成为一种全球现象。

（三）非物质文化遗产管理

非物质文化遗产管理（简称非遗管理）属于文化遗产管理的一种，是指为了保护非物质文化遗产的文化价值以满足人类需要而进行的系统性保护。

非物质文化遗产管理主要涉及宏观管理和微观管理两个层面。

宏观管理是对非物质文化遗产发展工作外部层面的管理，涉及总体规划、方针、政策等的制定及颁布，以及其他间接的协调、控制手段，它有明确的工作目标和指向性。其管理主体主要是政府，也包括具有一定管理职能的社会团体和相关机构，管理内涵十分丰富。

微观管理是对非物质文化遗产发展工作实施等内部层面的管理，涉及非物质文化遗产发展具体工作的实施，包括对实施部门及运行机制的管理。由于非遗资源或项目所处地域不同、管理部门的所有制性质与管理体制不同、非遗管理人员的归属不同，非遗管理的组织及运行方式也有所不同。

二、非物质文化遗产管理的误区

在非物质文化遗产管理过程中，由于理解偏差，出现了将非物质文化遗产管理等同于非物质文化遗产产业化、非物质文化遗产公益化的误区。这既不利于非物质文化

---

① Bob Mckercher，Hilary du Cros. 文化旅游与文化遗产管理[M]. 朱路平，译. 天津：南开大学出版社，2006：49.

遗产事业的发展，也不利于对大众的文化服务。

（一）非物质文化遗产管理等同于非物质文化遗产产业化

当前，将非物质文化遗产管理与文化产业截然分开是不太可能的。非物质文化遗产资源丰富的地区，往往是经济较为困难的地区。由于资金匮乏，许多非物质文化遗产项目的发展难以为继。因此，通过开发非物质文化遗产项目，将其纳入旅游或其他产业，推向市场，发挥振兴当地经济的作用，并由此加大对非物质文化遗产项目的扶持力度，本身无可厚非。文化产品不是普通产品，既有商品的属性，又有精神层面和价值观层面的内涵，因而贸易自由化原则不适用于文化产品和文化服务。如果将非物质文化遗产管理当成产业经营，使其"整体或部分地成为文化经营类活动，沦为市场的奴仆，加速非遗样式的变异"①，甚至像经济竞争或商品竞争一样实行"优胜劣汰"，就背离了非物质文化遗产管理的初衷，会伤害非物质文化遗产艺术的原真性，使非物质文化遗产保护的意义荡然无存。因此，非物质文化遗产管理不能等同于非物质文化遗产产业化，非物质文化遗产产业化要以不伤害非物质文化遗产发展为准则，要经过权威性审查与评估。

（二）非物质文化遗产管理等同于非物质文化遗产公益化

不能将非物质文化遗产管理完全纳入公益性文化事业的框架。公益性文化事业是与经营性文化事业相对应的，其目的是为大众提供非竞争性、非排他性的公共文化产品和服务。尽管从广义的角度看，非物质文化遗产事业具有一定的公益性和公共性，但非物质文化遗产具有极强的文化传承功能，非物质文化遗产展演只是非物质文化遗产管理的次要目的。当前，部分非物质文化遗产项目的博物馆式管理早已被纳入事业性质的管理模式，与物质文化遗产管理的方式相同，但更多非物质文化遗产项目的生态性管理、活态化管理及传承人式管理却与博物馆式管理不同。

要走出当前非物质文化遗产管理的误区，就应该在文化遗产发展事业中引入科学管理方法，建立严谨的管理机制，实施规范化管理，使其成为与文化产业、公益性文化事业并列的文化管理内容，成为国家文化管理的重要构成部分。

---

① 田川流. 论非物质文化遗产保护的管理属性[J]. 山东艺术学院学报，2013（4）：4-8.

三、非物质文化遗产管理的特点

非物质文化遗产管理的宗旨是把非物质文化遗产管理纳入文化管理体系，在科学的管理思想和理念的指导下，实施规范化管理，获得最大的社会效益。非物质文化遗产管理的目标是"通过科学和规范的管理，使非遗保护活动得以有序地进行，既让更多非遗项目得到有效的保护，又对其中部分非遗项目在不妨碍其保护的前提下，予以适度的利用与开发"①，尽可能地保持非物质文化遗产项目的既有形态，实现对非物质文化遗产项目的深度解读和认知，较为准确和完整地实现传递，并通过吸取和融入非物质文化遗产项目内在元素，启示和推动当代及未来文化艺术发展，实现保真、研究、传承与借鉴的统一。因此，非物质文化遗产管理具有如下特点。

（一）人本性

非物质文化遗产是具有独特表现形式和"活态"传承方式、以人为主体的"无形"的文化遗产，重点突出的是技能、技术和知识的可传承性，以及人的主体地位。与传统管理一样，非物质文化遗产管理的对象仍然是人，是以人为载体的。但是，非物质文化遗产管理的对象承载的是思维、技艺和知识，"是无形的、模糊的、概念性的活态目标"②，因而不能简单地强调"以制度管理人"，不能将简单、统一的管理方式强加于传承人和传承项目，不能追求整齐划一，更不能强行"统一思想"。必须针对不同的项目，根据不同的传承人及传承方式，在不同的流行地域进行不同的管理，做到因地制宜、因人制宜、因时制宜、因事制宜。因此，非物质文化遗产管理要坚持以人为本的原则，应深刻认识人在非物质文化遗产活动中的作用，要关注和尊重民众的现实需求，唤醒民众对文化由衷的热爱，尤其是当保护和抢救某一非物质文化遗产与当地民众所追求的经济利益发生矛盾时，要通过沟通，充分调动人的积极性、主动性、创造性，开发人的潜力，真正实现以人为中心，形成向心力。

---

① 田川流. 论非物质文化遗产保护的管理属性[J]. 山东艺术学院学报，2013（4）：4-8.
② 薛文娟. 试论非物质文化遗产人本管理机制[J]. 贵州民族学院学报（哲学社会科学版），2010（4）：67-69.

（二）参与性

非物质文化遗产主要来自民间，涉及众多利益相关者，包括遗产地群体、居住在遗产地附近的文化群体、将非物质文化遗产作为资源使用的学校及科研单位、负责管理非物质文化遗产的政府机构、非物质文化遗产的商业性使用者等。要处理好这些利益相关者的关系，寻找利益契合点，让多方受益。公众参与不仅可以为非物质文化遗产保护和管理带来强大的动力，而且可以更好地监督非物质文化遗产保护和管理工作。因此，要贯彻以人为本和文化优先的基本思路，倾听多方利益相关者的声音，将自上而下管理与自下而上管理相结合，实现政府事业性质的管理、国有企业性质的管理、社会与民间性质的管理的统一，以及上下级的行政式或指导性管理、较为松散的契约型管理的统一，让更多的非物质文化遗产的文化承载者参与到管理中来，给予其在管理活动中的发言权和决策权，体现多元主体的利益诉求，实现多元治理、合力共建、共同发展。

（三）精细化

我国实行的是以国家、省、市、区（县）垂直管理为特征的层级管理机制，不同级别的文化部门负责具体的非物质文化遗产管理工作，传统的粗放式管理模式容易导致政策不接地气、责任难以落实、跨区域的非物质文化遗产管理很难协调等问题。由于对非物质文化遗产管理理解的偏差，很多人将非物质文化遗产管理对象狭隘地理解为即将消失的文化事项，物化为博物馆、档案馆中的资料，"为记录而记录"，在生产性保护中过于强调商品开发，而忽视文化内涵的挖掘和提升。因此，非物质文化遗产管理的精细化迫在眉睫。精细化概念起源于现代企业管理，是指降低管理成本并减少资源投入，后来被逐渐运用到行政领域和社会事务中。它以科学和理性为特征，包括"制度设计的精细化、政策执行的精细化、协同机制的精细化、服务对象的精细化及结果测量的精细化"[①]五个层面的内容。过程细节化、手段专业化、效果精益化、成本精算化是精细化的基础，抢救性保护、生产性保护、整体性保护是精细化管理的主要标志。

---

① 胡颖廉，李楠. 社会治理精细化：背景、内涵和路径——党的十八届五中全会学习研讨会观点综述[J]. 行政管理改革，2016（2）：64-66.

（四）数字化

随着现代信息技术的发展，数字化在非物质文化遗产管理中的作用越来越大。非物质文化遗产数字化是指"将实体性的非遗项目资源通过录入、扫描、摄影、摄像、转录等方式转换为数字文件内容，并建立数据库进行存储、管理和共享的整个流程"①。数字化体现为全民参与、扁平化运行，数据的产生是政府、企业、第三方组织和个体共同参与的结果。

（五）系统性

系统性是指要保持非物质文化遗产文化的完整性，将非物质文化遗产管理作为一个整体对待。首先，要重视系统的个性。非物质文化遗产资源或项目都自成系统，它们在漫长的历史进程中形成了相对完整、健康的系统构成和易于传承的系统稳定性。要注重非物质文化遗产资源本身的系统完整性和稳定性，不能想当然地促使其进行"现代化转向"，人为隔断非物质文化遗产资源同民众、生活的联系，丢掉非物质文化遗产核心的内容。其次，要注重文化生态系统的整体性。在管理时，不要只将眼光落于个别项目上，非物质文化遗产文化尽管"有不同的外在表现形式、不同的功能，但其都是民族精神的衍生物，是同源共生的文化共同体"②，要保护其所依赖的环境，保障其人际传播、教育传承的环境，保持其内在活力。最后，要有系统发展的眼光。非物质文化遗产管理是为了给非遗项目提供可持续发展的土壤，保护和延续人类文化遗产的代表性样本。现代社会系统的快速变迁，意味着系统要素的快速整合。因此，"能否促使非物质文化遗产适应现代社会系统的快速变迁，成为判断非遗管理成功与否的标杆"③。

四、非物质文化遗产管理的原则

非物质文化遗产管理既要遵循一般的管理原则，还要遵循其特有的原则。

---

① 杨红. 非物质文化遗产数字化研究[M]. 北京：社会科学文献出版社，2014.
② 雷军. 非物质文化遗产保护中的政府管理研究[D]. 长安大学，2013.
③ 黄明哲. 应用系统科学方法，优化非物质文化遗产管理[J]. 科学之友，2013（13）：83-84.

（一）保护优先原则

非物质文化遗产管理要围绕非物质文化遗产资源和项目的保护来开展工作。在有效保护的基础上才能谈利用与开发的事情。对于非物质文化遗产资源和项目必须进行适度利用与开发，在利用与开发的过程中，只要发现对非物质文化遗产资源和项目有所损害，就应该立即终止开发。在遵循保护优先原则时，一要杜绝完全封闭式的保护。这种保护方式将非物质文化遗产资源与民众、市场隔绝，无法最大限度地实现其社会价值，很难达到利用非物质文化遗产教育民众、较好地保护和传承非物质文化遗产的目的。二要杜绝完全开放式的保护。这种保护方式实行粗放式管理，容易受到金钱的诱惑，片面追求经济价值而对非物质文化遗产资源进行过度开发。因此，对于非物质文化遗产资源和项目要做到生产性保护。生产性保护是遵循非物质文化遗产资源和项目的发展规律，通过生产、流通、销售等手段，将非物质文化遗产转化为生产力和产品，使其在创造社会财富的生产活动中得到积极保护。

（二）依法管理原则

实现法制化的生态化保护及管理是非物质文化遗产可持续发展的关键。在非物质文化遗产的发展中，存在政府保护人与被保护传承人两个主体。政府保护人主要是政府、专家、文化学者等，起到管理、宣传的作用。被保护传承人包括承载、传承或传播非物质文化遗产的个人或群体。非物质文化遗产管理既要重视非物质文化遗产法规的制定和完善，做到科学立法、有法可依；又要严格执行现有非物质文化遗产法规，使非物质文化遗产管理始终处在法规的保障和监控之下，做到"有法必依、严格执法、公正司法、全民守法"。

（三）区别对待原则

要对非物质文化遗产资源和项目进行科学评估和科学分类，根据非物质文化遗产资源和项目的实际情况确定相应的保护措施和管理方式，不能"一把尺子量到底"。尤其要重视非物质文化遗产管理的地域性，不能过度"脱域"，不能忽视文化持有者的感受和权利。

（四）尽量防止变异原则

非物质文化遗产管理要做到保真、研究、传承与借鉴的统一。在管理过程中，要全程监控对非物质文化遗产资源和项目的保护和适度利用，防止非物质文化遗产资源和项目在管理过程中出现变异。对于无法避免的变异要进行正确引导，将其控制在一定范围内，尽量防止出现过快和过大的变异。

第二节　非物质文化遗产的管理模式

管理模式是指从特定的管理理念出发，在管理过程中固化下来的一套操作流程。对非物质文化遗产进行管理，不仅可以更好地保护和传承非遗文化资源本身，还能丰富人民的精神文化生活，增强民族自豪感和民族自信心，提升国家文化软实力。同文化产品一样，非遗文化也具有外部性特征。这种外部性特征就是指"某一个体对文化产品的消费对另一个体的福利所产生的影响，这种影响没有通过市场价格机制反映出来，它包括正外部性和负外部性"[1]。正外部性是指高质量的文化产品不仅能给人们带来精神上的愉悦，还能提高公民的精神文化素养，培养高尚情操，增强民族认同感。负外部性则是指低俗的文化产品不仅会损害人们的精神世界，甚至会"污染"整个社会和民族文化。尽可能地弘扬非遗文化的正外部性，避免非遗文化的负外部性，这正是非物质文化遗产管理的价值之一。我国在非物质文化遗产管理方面进行了诸多探索，取得了较好的效果。

一、非物质文化遗产管理体制沿革

管理体制是指在一定条件下形成的政治、经济、文化等体系，按照其外延一般分为三个层次。第一个层次是关于整个社会形态方面的规定性，第二个层次是一定社会形态下的具体社会管理体制，第三个层次是"一定社会管理体制下的具体行业、单位

---

[1]　左惠. 文化产品的外部性特征剖析[J]. 生产力研究，2009（7）：1-3.

的工作程序和行为规范"①。非物质文化遗产管理体制主要是指一定社会管理体制下的具体行业、单位针对非物质文化遗产保护、传承等工作而采取的工作程序和行为规范。中华人民共和国成立以来，我国的非物质文化遗产管理逐步"由过去主要依靠文化部门和少数专业人士参与的项目性保护，发展到现在国际、国内相结合的'政府主导、社会参与'的系统的、整体的国家保护""数字化、网络、媒体化、博物馆式的动静结合立体保护模式取代了单纯的文本收藏、文字记录的静态保护模式""由过去单一的文化事业性保护，向行政的文化事业、文化产业、文化旅游、社会教育、法律法规性综合保护发展；保护主体由单一的文化主体向多样化的社会主体发展"②。我国的非物质文化遗产管理体制发展主要分为以下三个阶段。

（一）中华人民共和国成立至 1966 年左右

这一阶段是非物质文化遗产管理建章立制阶段。非物质文化遗产管理得到了党和政府的高度重视，并取得了较为显著的成绩。1949 年 9 月 21 日，毛泽东同志在中国人民政治协商会议第一届全体会议上明确提出大力发展文化建设、建立高度文化民族的要求，成立了全国性的民间文艺研究机构。各省、市、自治区等也成立了民间文艺研究分会，开展了大量的传统戏曲剧种、剧目、民间传统艺术等的搜集和研究工作。1958 年，在第一次全国民间文学工作者代表大会上提出了"全面搜集、重点整理、大力推广、加强研究"的民间文学保护"十六字方针"。在"十六字方针"的指导下，各地陆续编辑出版了本地区的民间文艺作品集，为后续的非物质文化遗产保护和管理工作奠定了良好的基础。

（二）改革开放至 20 世纪末

这一阶段是非物质文化遗产管理工作逐渐规范、发展的阶段。1966 年—1976 年，我国的非物质文化遗产管理基本处于瘫痪状态，中华人民共和国成立以来较有成效的非物质文化遗产保护及管理成果基本被破坏殆尽。十一届三中全会以后，我国重新组建民间文学研究机构、民俗学会、民间文艺研究会等各种机构，各地的民族民间文化遗产研究和保护的学术机构也相继成立，恢复和开展民族民间文化的调查、搜集、整理和展览

---

① 曲明哲. 改革开放推动社会主义制度创新[J]. 党政干部学刊，2008（10）：3-6.
② 俞丽英. 我国非物质文化遗产管理体制改革研究[D]. 宁波：宁波大学，2015.

工作。同时，诸多民俗文化与民间文学刊物也相继创立。1984 年以后，文化部、国家民委、中国文联共同发起的"中国民族民间文艺集成志书"陆续出版。1987 年，国务院颁发《中国传统工艺美术保护条例》并进行了"中国工艺美术大师"的命名活动。通过以上活动，既向民众介绍了民俗知识，又抢救和保护了大量文化艺术资料，保护了大量非物质文化遗产传承人，开创了非物质文化遗产保护、管理工作的新局面，使我国的非物质文化遗产管理进入了一个崭新的阶段。

（三）21 世纪初至今

21 世纪，非物质文化遗产管理工作再上层楼，非物质文化遗产保护和管理进入自觉和科学保护阶段。2001 年，昆曲位居世界第一批"人类口头和非物质文化遗产代表作"名录榜首，进一步激发了我国对非物质文化遗产保护和管理的热情，后续古琴、蒙古长调、新疆木卡姆、羌年、中国皮影戏、珠算、二十四节气等陆续进入该名录。至今，中国已有 39 个项目进入"人类非物质文化遗产代表作"名录，是目前拥有人类非物质文化遗产代表作数量最多的国家，为维护世界文化多样性做出了积极贡献。2003 年，建设部四部委确定了中国民间文化保护工程国家级试点城市 40 个，并以浙江省和云南省为省级综合试点区，后续在全国范围内逐步推开，非物质文化遗产管理工作成效显著。2004 年，我国加入《保护非物质文化遗产公约》。2005 年，国务院先后发布了《关于加强我国非物质文化遗产保护工作的意见》《关于加强文化遗产保护工作的通知》，提出了"到 2015 年，基本形成较为完善的文化遗产保护体系，具有历史、文化和科学价值的文化遗产得到全面有效保护；保护文化遗产深入人心，成为全社会的自觉行动"的总体目标，制定了"国家+省+市+县"的四级保护和管理体系。2006 年，我国成为保护非物质文化遗产政府间委员会委员国。根据"保护为主、抢救第一、合理利用、传承发展"的工作方针，2006 年 5 月，我国公布第一批计 518 项国家级非物质文化遗产名录，我国非遗保护体系的建立与完善拉开帷幕；2008 年 6 月，我国公布第二批计 510 项国家级非物质文化遗产名录；2011 年 6 月，我国公布第三批计 191 项国家级非物质文化遗产名录；2014 年 7 月，我国公布第四批计 153 项国家级非物质文化遗产名录。与此同时，省级、市级、县级非物质文化遗产名录也陆续建立。至此，我国已经基本建成国家、省、市、县四级非物质文化遗产名录体系和管理网络。

虽然我国在非物质文化遗产保护与管理方面已经取得了一些成就，但我国的非物质文化遗产管理至今尚未形成适合我国国情的成熟管理模式，不少非物质文化遗产因为管理缺失而问题严重、生存困难。非物质文化遗产管理仍然存在诸多问题。

二、非物质文化遗产管理存在的问题

当前，我国非物质文化遗产管理体制的核心内容是以行政保护为主，对各类非物质文化遗产实行认定、记录、建档、传承及传播；基本管理手段是公法保护为主、私法兼顾为辅，以政府投入为主来最大限度地挖掘、整理、归档、研究、弘扬和振兴非物质文化遗产，同时积极鼓励和支持民间非物质文化遗产代表性传承人开展非物质文化遗产代表性项目的传承与传播。其基本特征是政府主导、社会参与。由于我国的非物质文化遗产管理研究起步较晚，长期以来以行政管理模式为主，也缺乏系统完善的非物质文化遗产管理体制，非物质文化遗产管理还存在"简单资本化""僵硬科层化""过度脱域化""全民快餐化"等倾向，以及"多层管理问题明显""整体管理水平不高""管理使命扭曲""科层管理明显"等问题。

（一）多层管理问题明显

当前，我国的非物质文化遗产管理部门涉及人民政府、文化行政部门和物质文化交流协会，管理主体主要为国务院、省级文化主管部门、市级文化主管部门、县级文化主管部门等，各级文化部门又主要通过单设的非物质文化遗产保护中心进行管理。人民政府包括省、市、县等各级地方人民政府，主要负责本地区非物质文化遗产的搜集、认定与保护工作。文化行政部门主要负责制定和颁布相关的非物质文化遗产标准，做好非物质文化遗产的评审、运营、宣传等工作。物质文化交流协会主要提供世界非物质文化遗产发展趋势报告，提出适合中国国情的非物质文化遗产可行性发展政策，促进国家之间、地区之间的非物质文化遗产交流与合作。从工作原则看，政府具有主体地位；从工作机构看，形成了四级管理部门；从工作方式看，主要通过以公文为代表的行政指令，自上而下推动执行。由于四级管理部门都能够对自身区域内的非物质文化遗产进行管理，因此在管理职能方面存在重复现象，层级式的管理体系导致了多重管理，容易激发不同管理层之间的矛盾及利益纠纷，产生管理过程中的失位、缺位问题，使很多区域性管理工作无法落实，降低管理的有效性。

（二）整体管理水平不高

当前，我国非物质文化遗产的管理方式主要是归口管理，采用的管理原则是"谁申报谁负责谁受益"。这种管理模式固然可以增强非物质文化遗产管理的专业性，提高非物质文化遗产管理的专业水平，但容易一个标准执行到底，将简单、统一的管理方式强加于传承人和传承项目，追求整齐划一，强行"统一思想"，从而背离非物质文化遗产的多元性特征；再加上管理人员大多为文化部门临时抽调，缺乏专职人员，整体素质还有待提升。各部门之间的协调配合机制尚未发展成熟，难以适应非物质文化遗产管理工作的专业性、综合性、多部门协作性和长期性要求。部分行政部门还没有完全转变观念，只是完成上级行政部门下达的任务，缺乏主动性。一些领导未能认识到非物质文化遗产传承面临的严峻形势，没有真正从培养民族精神和核心价值观的高度予以重视，负责传承和保护工作的单位也缺乏对非物质文化遗产管理工作的责任感。这就容易出现以行政命令为主的"粗暴性管理"，缺乏专家的参与和严格审定，导致制度化管理倾向严重，管理态度和管理手段生硬，管理团队不专业，整体管理水平不高，容易对非物质文化遗产项目造成"保护性破坏"。

（三）管理使命扭曲

在非物质文化遗产管理过程中，事业单位是主要管理主体，但在实际管理实施过程中，企业却成为主要管理主体。"企业在逐利思维的指引下削弱了非物质文化遗产的公益性"[1]，非物质文化遗产管理被过度功利化，出现了"重申报轻发展，重开发轻保护"的现象。在功利化的驱使下，对非物质文化遗产管理项目的文化空间认识不足。对于文化空间，联合国教科文组织的定义是"定期举行传统文化活动或集中展现传统文化表现形式的场所，兼具空间性和时间性"。对文化空间认识不足，就容易主观地对非物质文化遗产管理项目进行加工，为迎合民众好奇心而抽取其中的"精彩片段"，"重开发而轻保护，重经济学意义上的'资本'，而轻社会学、文化学上的'资本'，逾越人文底线，简单地将非物质文化遗产与商业开发模式对接"[2]，形成"政府

① 张琼艺. 非物质文化遗产管理模式创新研究[J]. 农村经济与科技，2017（12）：220-221.
② 王学文. 我国非物质文化遗产保护的"四种倾向"及对策分析[J]. 民俗研究，2010（4）：30-43.

办场子，专家敲边鼓，民众看稀奇"的现象，使非物质文化遗产管理生存的土壤和空间发生变化。同时，经营权限与管理权限被人为分离，行政审批权与财政控制权分离，生产要素配置出现结构性问题，资源无法有效共享，行业之间出现交流障碍，存在博物馆式静态管理、经济利益主导式管理及人造景观式开发与管理三大误区，非物质文化遗产管理主体对自身的管理使命认知不清、定位不准，出现管理使命扭曲。

（四）科层管理明显

当前，我国的非物质文化遗产管理由政府主导，推行四级管理体制。这导致非物质文化遗产管理的持有者——地方民众缺乏参与决策的机会，传统的工作力量和艺术研究机构长期积累的文化优势未能得到有效发挥，在项目申报和确定保护计划时存在指定现象，也容易各自为政，统筹难度大，难以形成合力，使管理工作流于形式。

因此，弥补当前的非物质文化遗产管理缺陷，构建适合我国国情的非物质文化遗产管理模式，对我国的非物质文化遗产保护、利用、管理具有重要意义。

三、非物质文化遗产管理的中国范式

中国的文化遗产事业现状可以概括为"有遗产、无体系"。"有遗产"是指文化遗产资源丰富。"无体系"的第一层意思是"从遗产名录来看，所有申报成功的'遗产'都以联合国教科文组织遗产的知识体系和管理体系为根据，都是'项目性申报'的成果，未能体现中国独立的遗产体系"[1]。"无体系"的第二层意思是我国的文化遗产，尤其是非物质文化遗产，其管理的系统性、明晰性和便利性的不足极其明显，职能交叉、管理多头、分类重叠等现象突出。非物质文化遗产既是中华民族的情感价值所系，又是普通民众生产与生存的根基，因此，必须改变非物质文化遗产"有遗产、无体系"的现状，确立回溯过去、置身现在、指向未来的方针，既要立足本土，解决非物质文化遗产的本土问题，又要在全球化视野下，凝练中国经验，形成中国范式。

非物质文化遗产管理的中国范式包括"提供独特的中华文明文化基因以保护人类文化多样性和可持续发展""提炼中国非遗文化选择、保存和延续自身文化基因的遗存之道，为中华文明的发展提供中国智慧、中国知识、中国经验、中国技术、中

---

① 彭兆荣. 我国非物质文化遗产理论体系探索[J]. 贵州社会科学，2013（4）：5-8.

国方案""有效应对国际非遗运动的严峻挑战，立足本土，积极推进本国非遗管理体系建设的最佳路径，走出具有国际示范效应的新道路"三项核心内容，按以下四条主线展开。

（一）遗存之道

"遗存"既指各种现代意义上的"遗产"，也指这些"遗产"的活态延续。"道"则指非遗文化遗存的道理，它从根本上决定了我国非物质文化遗产的不可替代性和非物质文化遗产管理的独特性。遗存之道要强调非物质文化遗产管理的道理和依据，是从哲学层面为我国非物质文化遗产的发展和非物质文化遗产的管理模式建设提供核心价值观。

（二）遗存之相

非物质文化遗产管理要从名实之辩的根本点出发，反思联合国教科文组织非物质文化遗产理论体系的概念、认知和分类系统，基于我国传统的认知、知识、经验、表述去理解非遗文化，还原我国非物质文化遗产管理的经验、逻辑，寻找我国非物质文化遗产管理体系的理论要素、基本研究单元及其结构模式，梳理中国非物质文化遗产管理体系知识谱系。遗存之相是通过非遗文化现象，总结非遗文化内涵、思维逻辑和经验，科学构建我国非物质文化遗产管理体系模式。

（三）遗存之技

"技"涉及器物工艺、活态操演、身体技术等，既指形而下层面的工艺、技术、技能等，也指非物质文化遗产管理的形而上层面。非物质文化遗产的本质是"活态存续"，是通过"技"的践行而实现存续。遗存之技是总结中国非物质文化遗产发展、管理的践行系统，建立非遗文化技艺传承及管理体系。

（四）遗存之法

"法"既指非物质文化遗产存续、传承、管理的方法及其系统性，也指非遗文化的持有者（传承人）、管理者在面对历史变迁时的应变策略和模式。挖掘非物质文化遗产延续之法、传习之法、管理之法，强调的是非物质文化遗产传承及管理方法的创新。

"道"属于哲学层面，"相"属于现象学层面，"技"属于器物层面，"法"属于方法论层面，它们共同推动非物质文化遗产管理"中国范式"的形成。

四、具体管理模式

非物质文化遗产的非物质性、生态性和活态特征非常明显，随着时代的发展，传统的收藏式管理模式已经无法满足当前非物质文化遗产管理的需要。非物质文化遗产管理要在遵循"整体性保护、有形化、民间事民间办、精品化保护、以人为本、原真性保护、濒危遗产优先保护、多样性保护、保护与利用并重及活态保护等原则"[①]的基础上，从整体出发，着眼全局，提升管理水平，形成具有自身特色的管理模式。

管理模式既是"经济管理上的概念，也是国家治理体系和治理能力的重要因素"[②]。具体而言，根据非物质文化遗产资源的不同类别，非物质文化遗产管理模式主要有以下几种。

（一）区域覆盖型管理模式

区域覆盖型管理模式主要针对亟须拯救的濒临灭亡的非物质文化遗产项目，如某些濒临消失的民族语言、非物质文化遗产项目，其管理主体是国家行政部门，由国家行政部门推行政策性的保护措施，手段强硬。此种模式可以有效拓宽濒危非物质文化遗产的生存和发展空间，拓展其发展路径，保护其文化空间，扩大非物质文化遗产的传承主体和受众，增强非物质文化遗产资源所在地民众的文化自觉性、文化自信心，增强非遗文化认同感，提升民族文化核心竞争力。管理主体起着主导作用，把握方向、确定规则、监督运行。

---

① 张琼艺. 非物质文化遗产管理模式创新研究[J]. 农村经济与科技，2017（12）：220-221.
② 武限. 云南少数民族非物质文化遗产产业管理模式研究[D]. 昆明：云南财经大学，2014.

（二）组织孕育型管理模式

组织孕育型管理模式是指在非物质文化遗产保护区域内，由政府主导成立专门的保护及管理机构。该机构吸纳学者、社会知名人士、非物质文化遗产所在地民众等多方人员，整合各方面的人力资源和资金，并对非物质文化遗产进行分层次、分类别的管理。这一机构隶属于文化行政部门，其组成人员必须掌握一定的管理技巧，对非物质文化遗产的概念、范畴，尤其是本地区非物质文化遗产项目有一定的了解和认知。该机构职责明确，宏观上为各级政府的文化行政部门提供政策、法规等方面的建议，以解决目前非物质文化遗产保护中存在的管理不科学的问题；微观上参与非物质文化遗产保护的具体工作。这种管理模式可以有效整合政府资源与社会资源，有效提升非物质文化遗产的经济、社会和环境效益，促进非遗文化与其他文化的共生共存，既能保持非物质文化遗产资源的公益性质，又能满足人民群众日益增长的文化需求。

（三）民间成长型管理模式

非物质文化遗产主要源于民间，与人民群众的生活密切相关，要减少外界对非物质文化遗产的干扰，尽可能地保持其纯粹性，尽量不让其发生变异。民间成长型管理模式主要针对那些与外界接触较少、有稳定生存空间的非物质文化遗产资源，要保持此类非物质文化遗产资源的独特地域性，尽量维持适宜其生存和发展的空间，让其自然发展、自然延续。采用民间成长型管理模式时，管理主体要尊重当地居民的创造性，强调文化认同、文化尊严和文化平等，增强非遗文化的内生性生命力。

（四）开放增值型管理模式

开放增值型管理模式主要针对文学艺术价值丰富的非物质文化遗产项目，不仅要做好保护，发挥其在经济社会中的作用，还要在管理过程中融入时代发展特征，在保护的基础上挖掘其附加值，衍生出相关的代表性项目，创造其发展新格局。开放增值型管理模式需要管理主体在保护和管理链条上积极创新，不断丰富管理客体的内涵，创新其传承载体，增加其价值。

（五）融合重生型管理模式

融合重生型管理模式主要针对科学技术价值较大的非物质文化遗产，遵循其特点和文化传承规律，将其与其他地域的同类非物质文化遗产进行融合，或者将其与不同类型的文化进行基因重组，不断产生新的产品。此种模式不仅能保留非物质文化遗产的精华，还能延续其生命力，有效扩大非物质文化遗产的受众。

第三节　非物质文化遗产相关管理办法介绍

一、《中华人民共和国非物质文化遗产法》

《中华人民共和国非物质文化遗产法》是为了继承和弘扬中华民族优秀传统文化，促进社会主义精神文明建设，加强非物质文化遗产保护、保存工作而制定的。由中华人民共和国第十一届全国人民代表大会常务委员会第十九次会议于 2011 年 2 月 25 日通过公布，自 2011 年 6 月 1 日起施行。

《中华人民共和国非物质文化遗产法》共 6 章 45 条，分为总则、非物质文化遗产的调查、非物质文化遗产代表性项目名录、非物质文化遗产的传承与传播、法律责任和附则。

法律明确，国家对非物质文化遗产采取认定、记录、建档等措施予以保存；对体现中华民族优秀传统文化，具有历史、文学、艺术、科学价值的非物质文化遗产采取传承、传播等措施予以保护。

法律规定，保护非物质文化遗产应当注重其真实性、整体性和传承性，有利于增强中华民族的文化认同，有利于维护国家统一和民族团结，有利于促进社会和谐和可持续发展。

二、《世界文化遗产保护管理办法》

《世界文化遗产保护管理办法》于 2006 年 11 月 14 日经文化部部务会议审议通过并予

以施行。

为了加强对世界文化遗产的保护和管理，履行对《保护世界文化与自然遗产公约》的责任和义务，传承人类文明，依据《中华人民共和国文物保护法》制定该办法。该办法共 22 条，其属性为管理条例。

三、《国家级非物质文化遗产保护与管理暂行办法》

《国家级非物质文化遗产保护与管理暂行办法》是国家出台的关于非物质文化遗产的搜集、保护、传承的法律法规，于 2006 年 10 月 25 日经文化部部务会议审议通过，自 2006 年 12 月 1 日起施行。

该办法共 28 条，属于条例性质。

四、《国家级非物质文化遗产项目代表性传承人认定与管理暂行办法》

《国家级非物质文化遗产项目代表性传承人认定与管理暂行办法》于 2008 年 5 月 14 日经文化部部务会议审议通过并予以发布，自 2008 年 6 月 14 日起施行。

该办法共 18 条，属于条例性质。

五、《国家非物质文化遗产保护专项资金管理暂行办法》

为了规范和加强国家非物质文化遗产保护专项资金的管理，提高资金使用效益，根据《国务院办公厅关于加强我国非物质文化遗产保护工作的意见》（国办发[2005]18 号）和国家有关财务法律制度的规定，财政部、文化部制定了《国家非物质文化遗产保护专项资金管理暂行办法》，发布日期为 2006 年 7 月 13 日，生效日期为 2006 年 7 月 13 日。

该办法共 5 章 21 条。

六、《四川省非物质文化遗产条例》

2017 年 6 月 3 日，四川省第十二届人民代表大会常务委员会第三十三次会议通过《四川省非物质文化遗产条例》（以下简称《非遗条例》）。《非遗条例》自 2017 年 9 月 1 日起施行。

《非遗条例》共 7 章 63 条，分为总则、非物质文化遗产的调查、非物质文化遗产代表性项目名录、非物质文化遗产的传承与传播、非物质文化遗产的保障与利用、法律责任和附则。《非遗条例》的起草、制定历时数年，受到了社会各界的广泛关注。《非遗条例》的颁布和施行，对于贯彻落实《中华人民共和国非物质文化遗产法》，推动四川省非物质文化遗产保护工作科学开展具有里程碑式的重大意义。

思考题

1. 什么是非物质文化遗产管理？
2. 非物质文化遗产管理的误区有哪些？
3. 非物质文化遗产管理应遵循哪些原则？

第七章　四川省非物质文化遗产传承与保护

第一节　四川省基本概况

一、自然地理环境

四川省简称"川"或"蜀"（省会成都），是地域辽阔、资源丰富、人口众多、多民族聚居的内陆大省；位于我国西南腹地和长江上游，北连青海、甘肃、陕西，东邻重庆，南接云南、贵州，西衔西藏，为西南、西北、华中三大地区的结合部。全省总面积为 48.5 万平方千米，总人口达 8860 万人。自古以来，四川省就享有"天府之国"的美誉。

二、四川省建制沿革概况

四川省历史悠久，现已发现在距今 4 万年到 1 万年前的旧石器时代，就有"资阳人"在盆地中部活动。战国时期，巴、蜀两个氏族分别建立了巴国和蜀国。蜀国统治盆地西部岷江流域一带，建都成都；巴国统治盆地东部嘉陵江流域和川东，建都江州（今重庆）。古代巴人、蜀人的活动成为对后世影响比较广泛的"巴蜀文化"的源头。

史书记载，四川省有"蜀汉""四川路""四川行省"等称号，不少朝代也曾建都"成都"。中华人民共和国成立后，四川省也因种种原因进行了一些省辖区内外的调整。

最大的调整属川渝分治，1997 年 3 月 14 日第八届全国人民代表大会第五次会议批准设立重庆为中央直辖市，当时共划出 43 个区县（市），总面积为 8.2 万平方千米，总人口为 3002 万人。目前，四川省共有地级行政区划 21 个，其中包括 18 个地级市和 3 个民族自治州；县级行政区划 183 个，其中包括 40 个市辖区、13 个县级市、124 个县和 3 个民族自治县。全省面积为 48.6 万平方千米，占全国的 5.1%，居第 5 位。

三、人文底蕴

四川省地灵人杰，是著名的文化之邦。东西交融、南北过渡的地理位置，使四川多年来既吸收东西民族之长，又是南北文化交流的要冲。长江、黄河两大流域文明的精华，哺育出巴蜀光辉灿烂的文化。

早在夏商时代，各种历史文明就在这方天地萌芽、生长。汉魏之际，四川省是我国原始宗教道教的发源地。隋唐时代，四川省为文学繁荣地之一，后来佛教及自然科学的发展等使四川省成为文化积淀深厚的一方沃土。质朴动人的四川省非物质文化遗产也早为人们所青睐，四川省是我国非物质文化遗产的富集地之一。四川省非物质文化遗产以古蜀文化精神为轴心，以优越独特的自然背景、川人特定的思维方式和语言表达模式、绚丽多彩的民间艺术、民风民俗及社会结构等为特点，为四川省文明的生长、繁衍创造了深厚的条件。巴蜀文化的丰沃土壤孕育出一代代巴蜀名人，其中有不少政治家、军事家、思想家、科学家和艺术家，他们对巴蜀文化和中华文化都做出过重大贡献。李太白曾从这里仗剑远行，杜工部曾在此地望月怀乡；一门三杰的苏洵、苏轼、苏辙，以及司马相如、陈子昂、白居易、陆放翁、黄庭坚、杨升庵、刘光第、张大千、郭沫若、巴金、吴玉章、艾芜、范长江等，多有遗址或纪念物留存，并留下了千古佳句与诗篇，辉耀着这片浪漫的大地。刘皇叔白帝托孤，诸葛亮六出祁山，武则天皇泽"相会"，唐玄宗剑阁闻铃，元宪宗"上帝折鞭"，多少忠臣怨主，几许盛衰欢悲，都留在了这里的森森翠柏、茫茫白波、重重殿宇之间，留给了风雨楼台、暮鼓晨钟。①

四川省还是我国老一辈无产阶级革命家诞生地比较集中的区域。这些伟人、将帅、著名革命志士都在这块红土地上留下了足迹，他们的传奇人生和延续至今"生命不息，战斗不止"的革命精神，为我们留下了宝贵的革命遗产。

---

① 四川旅游政务网. 四川概况：奇绝文化. http://www.scta.gov.cn/web/.

四、经济社会发展状况

经过中华人民共和国成立后几十年的发展，四川省逐步形成了以机械冶金、电子资讯、饮料食品、医药化工、建筑材料为主，门类比较齐全的工业体系。天然气、发电设备、电站锅炉、水电、中成药、丝、磷矿石、原盐、合成洗涤剂、彩色电视机、铁合金、合成氨等工业产品的产量在全国名列前茅。特别是改革开放 30 年来发展更快，1998 年，规模以上工业企业仅 4980 家，2008 年增加到 13728 家，2010 年增加到 13806 家，拥有四川电力、西南油气田、攀钢、二滩、五粮液、长虹、东汽等一批在全国具有较高知名度和较强竞争力的大企业。2008 年四川省实现工业增加值 4922.8 亿元（较 1952 年的 2.6 亿元增长了 1907 倍，年均增长 11.7%），工业占 GDP 的比重为 39.4%（1949 年仅占 9.7%）。2010 年四川省工业增加值增加到 6840.5 亿元，同比增长 23.5%，增幅比上年同期提高 2.3 个百分点，由全国第 10 位上升到第 8 位；实现主营业务收入 23230.1 亿元，由全国第 12 位上升到第 9 位。规模以上工业利润总额 1998 年达 104.0 亿元，2008 年已增加到 844.9 亿元，10 年间增长 7.1 倍。而 2010 年更实现利润和上缴税金双双首次突破千亿元大关，实现利润 1469.5 亿元，增长 51.6%，增幅比 2009 年提高 17.2 个百分点，创近十年新高；上缴税金 1260.2 亿元，增长 39.9%。四川工业在国民经济中的地位显著提高。

四川省委、省政府认真贯彻落实党的十七大精神和国家西部大开发战略，抓住 2008 年 5·12 汶川特大地震灾后恢复重建、扩大内需和西部全面开发开放的重大机遇，确立了"建设辐射西部、面向全国、融入世界的西部经济发展高地"的发展战略；围绕"两个加快"（加快建设灾后美好新家园和加快建设西部经济发展高地），把握"巩固回升、加快发展"的工作基调，坚持"一主"（以工业强省为主导）、"三化"（大力推进新型工业化、新型城镇化、农业现代化）、"三加强"（加强开放合作，加强科技教育，加强基础设施建设）的基本思路；继续全面推动灾后恢复重建，全面推动"八项民生工程"（教育助学、劳动就业、扶贫解困、社会保障、医疗卫生、百姓安居、道路交通、环境整治），全面推动"一枢纽"（建设贯通南北、连接东西、通江达海的西部综合交通枢纽）、"三中心"（建设西部物流中心、商贸中心和金融中心）、"四基地"（建设重要战略资源开发基地、现代加工制造业基地、科技创新产业化基地、农产品深加工基地）的发展规划实施，强化投资拉动和产业支撑，加快经济发展方式转变，深化改革、扩大开放，改善民生、促进和谐，努力推动四川经济社会又好又快发展。

近年来，四川省攻坚克难，实现灾后重建、快速复兴的系列新纪录；成功举办第九、十、十一届中国西部国际博览会；启动成渝经济区四川部分"一极一轴一区块"建设，进一步加强与泛珠三角、长三角、环渤海等区域的合作，承接产业转移成效明显；《成都市统筹城乡综合配套改革试验总体方案》获国务院正式批复，正在扎实推进并取得了良好成效。今日四川，历经磨难，百折不挠，灾后重建取得决定性胜利；明日四川，经济腾飞，社会和谐，"高位求进"奔小康，万众一心再创辉煌。

第二节　四川省非物质文化遗产概况

四川省是历史文化资源富集的大省。在我国列入联合国世界遗产名录的 32 处景观中，四川省占 5 处 6 地。其中，九寨沟、黄龙、大熊猫栖息地为世界自然遗产，青城山和都江堰两地共为一处世界文化遗产，峨眉山和乐山大佛两地共为一处世界文化和自然双遗产。四川省是国内拥有世界遗产数量最多、种类最齐全的省份。四川省也是非物质文化遗产资源富集的大省，现公布有国家级非物质文化遗产105项、省级非物质文化遗产 333 项。其非物质文化遗产种类繁多，分布广泛，名品众多，地位突出，形成了独具特色的民族民俗文化。

一、四川省非物质文化遗产的主要特点

（一）种类繁多，分布广泛

四川省非物质文化遗产资源形式多样，内涵丰富，项目众多。国家文化管理部门划分的 16 个非物质文化遗产种类四川省都有。在 2006 年 6 月公布的第一批国家级非物质文化遗产名录（共计 147 项）中，四川省占了 27 项。在 2008 年 6 月公布的第二批国家级非物质文化遗产名录（共计 510 项）和第一批国家级非物质文化遗产扩展项目名录（共计 147 项）中，四川又有 78 项名列其中。目前，四川省拥有的国家级非

物质文化遗产数量位居全国第三，公布的省级非物质文化遗产共 333 项（第一批省级项目 189 项，扩展项目 7 项；第二批省级项目 137 项）。

（二）名品众多，地位突出

四川省非物质文化遗产中的知名品牌项目众多，而且每类都在全国居于突出地位。例如，泸州老窖酒继承了几千年来酿酒工艺的悠久历史和奇妙的酿制技巧，作为中国浓香型白酒的唯一代表入选第一批国家级非物质文化遗产；自贡井盐钻井技术源于东汉，被国外科学家称为世界"钻井技术之父"；绵竹木版年画始于宋代、盛于明清，是中国民间年画的一大支流，在几百年的发展过程中兼容并蓄，自成体系；绵阳梓潼的洞经古乐源于文昌帝君的祭祀活动，不断吸纳各地各民族的音乐营养，既有道教音乐的飘逸，又有儒家音乐的庄严浑厚、宫廷音乐的古朴典雅，更兼江南丝竹的柔美抒情，被青年钢琴家孔祥东誉为"人间绝唱"；技艺精湛、风格独特的蜀绣同江苏苏州的苏绣、湖南长沙的湘绣和广东的粤绣并称中国四大名绣；川北薅草锣鼓、巴山背二哥、泸州雨坛彩龙、巴塘弦子舞等民间音乐、舞蹈风格各异，与当地人民的劳动、生活习俗紧密相关，让人们在紧张的劳作之余得到放松和愉悦；历史悠久的清明放水节、西昌火把节、梓潼文昌庙会、渠县三汇彩亭等岁时节庆寓意深刻，气氛热烈，参与者广泛；川江号子、宜宾的金沙江号子、内江东兴区的"清流船工号子"、渠县的渠江号子等具有不同区域特色的纤夫拉船之调，异彩纷呈。①

（三）植根沃土，深入人心

调查结果显示，申报的各级非物质文化遗产贴近实际、贴近生活、贴近群众，无论价值观念还是呈现形态上都与人民大众有着密切的联系。它们以人们喜闻乐见的艺术形式和生活、生产的原生态传承发展，融入人们的日常生活和生产，形成巴蜀文化特有的风貌；并以自身教化与娱乐的双重功能，激发人们对善和美的追求，融铸巴蜀人民朴实、向上、厚重、内敛的精神品质。它们既涵盖深刻的人与自然、人与社会及人与人之间和谐相处的理念，又呈现与经济发达程度紧密相关的特点。在经济相对繁荣的成都、川西平原经济走廊，非物质文化遗产以民间戏剧舞蹈、传统手工艺为主，

---

① 四川省政协. 加强四川省非物质文化遗产保护的调研报告，2009（6）.

如川剧、南充大木偶、川北傩戏、龙舞、花灯、蜀锦制作技艺、成都漆艺、泸州老窖酒酿制技艺、自贡井盐汲制技艺、竹纸制作技艺等；在经济相对落后的盆地边缘贫困地区和少数民族地区，非物质文化遗产以民间音乐、舞蹈为主，如四川耍锣鼓、巴蔓秧歌、巴山背二哥、藏羌多声部民歌、彝族阿都高腔、羌笛演奏及制作技艺、嘉绒藏锅庄舞等，精彩纷呈。

二、四川省非物质文化遗产面临的困境及问题

随着现代化进程的加快和全球经济一体化趋势，在市场化、商业化、城市化及西方流行文化的冲击下，四川省丰富的非物质文化遗产除个别生产技艺、民间手工技艺如泸州老窖酒酿制技艺、自贡井盐汲制技艺、绵竹木版年画等得到有效保护，一些少数民族民间歌舞、岁时节令遗产项目得到自然流传外，大多数生存环境恶劣，资源流失严重，面临濒危，状况堪忧。例如，川剧演出市场日渐萎缩，靠其自身走向市场来维持生存困难重重；比川剧更加困难的是四川金钱板、四川荷叶、四川扬琴、四川清音、四川竹琴等地方传统戏曲项目，随着一些具有代表性的名老艺人年高体衰，演出场次减少和演出市场衰退，演出团体和演员个人的经济利益受到严重影响，愿意学习者越来越少，已经面临人亡艺绝的困境；川北大木偶和川北皮影本是融表演、雕刻于一体的文化遗产，但传统的雕刻技艺基本失传；蜀锦、蜀绣、成都漆器、隆昌夏布手工编织等传统技艺，经济效益差，传承人生活拮据，后继无人；还有散布在各地民间的许多手工技艺和表演项目，难以维持生计，陷入自生自灭的境地；传统的岁时节庆等民俗形式，也正在淡出人们的生活。非物质文化遗产日益趋微，渐次步入消亡困境。[①]

由于四川省非物质文化遗产保护工作起步晚、时间短、投入不足、力度不够，非物质文化遗产保护还存在六方面的问题。一是认识不足，重视不够；二是机构不健全，专业人才缺乏，工作落实不到位；三是保护体系未建立，缺乏专门性的保护法规和有效的保护机制；四是投入不足，普查、抢救、保护经费严重缺乏；五是宣传不足，没有在全社会形成保护非物质文化遗产的合力；六是文化生态环境持续恶化，传统民族民间文化项目参与人员越来越少，传承者和受众群体均出现明显断层。

---

① 四川省政协. 加强四川省非物质文化遗产保护的调研报告，2009（6）.

第三节　四川省非物质文化遗产保护工作现状

从 20 世纪 50 年代起，四川省就开始对民族民间文化进行调查，尤其是对传统戏曲、口头文学等艺术品种进行了挖掘、整理和抢救。特别是 20 世纪 80 年代以来，在完成了国家卷"中国民间文艺十大集成志书"中四川地区的文艺史志编撰工作的基础上，又先后编纂出版了多部四川民间文艺集成志书单列卷。这些工作使大量珍贵的民族民间文化资料得以留存，为四川省实施非物质文化遗产保护工程奠定了基础。

近年来，我国政府对非物质文化遗产保护工作的重视程度也在逐步提高。2003 年 1 月，文化部、财政部、国家民委、中国文联等部门联合启动了"中国民族民间文化保护工程"，着手全面实施我国的非物质文化遗产保护工作。2004 年，我国正式加入联合国教科文组织《保护非物质文化遗产国际公约》，为保护非物质文化遗产提供了法律保障。国务院从 2005 年开始相继出台了三个重要文件：一是《关于加强我国非物质文化遗产保护工作的意见》（国办发〔2005〕18 号），确定了"保护为主、抢救第一、合理利用、传承发展"的指导方针及"政府主导、社会参与、明确职责、形成合力、长远规划、分步实施、点面结合、讲求实效"的工作原则，并在北京召开了"全国非物质文化遗产保护工作会议"；二是《国务院关于加强文化遗产保护的通知》（国发〔2005〕42 号），将每年 6 月的第二个星期六定为"文化遗产日"，同时将"非物质文化遗产保护法"正式列入全国人大立法规划；三是《关于公布第一批国家级非物质文化遗产名录的通知》。2006 年，非物质文化遗产保护在中国持续升温。年初，文化部、国家发展改革委、教育部、国家民委、财政部、建设部、国家旅游局、国家宗教局、国家文物局 9 部委共同举办了首届"中国非物质文化遗产保护成果展"，吸引了上至国家领导、下至普通百姓等大批的参观者，人们第一次近距离、全方位地感受到非物质文化遗产的魅力。2006 年 6 月 10 日，中国迎来了第一个自己的"文化遗产日"。这一切表明，我国已经强烈地意识到非物质文化遗产保护的重要性和紧迫性，保护工作由几年前的部门行为上升为国家行为，并把它提到国家文化安全的高度，作为中国重要的文化战略来考虑。按照中国民族民间文化保护工程实施方案，"保护工程"的实施时间为 2004—2020 年，其中，2004—2008 年为先行试点，开展普查和抢救濒危阶段；2009—2013 年为全面展开和重点保护阶段；2014—2020 年为补充完善和健全机制阶段。我国非物质文化遗产保护已经进入全面的、整体性的发展阶段。

在四川省委、省政府的高度重视和全社会的共同努力下，四川全省非物质文化遗产保护工作力度不断加大，保护工作取得了突破性进展。2004 年 7 月，四川省文化厅、财政厅联合下发《关于实施四川省民族民间文化保护工程的通知》，正式启动了全省非物质文化遗产的保护工作。省、市（州）、县（区）逐级成立了民族民间文化保护工程领导小组及专家委员会（或专家小组），明确了全省开展非物质文化遗产保护工作的方针、目标和要求，制定了民保工程实施意见和普查方案；相继建立了四川省非物质文化遗产保护工作厅级联席会议制度和相关办公室承担日常工作，并成立了四川省非物质文化遗产保护中心。

目前，四川省在非物质文化遗产保护领域中，有成都锦江文化馆和都江堰文化馆 2 家国家级文化馆，还有四川省文化馆、四川省群众艺术馆、成都现代艺术馆等 40 余家省、市级文化、艺术馆；有广汉三星堆博物馆、成都武侯祠博物馆、成都杜甫草堂博物馆 3 家国家一级博物馆，还有四川省博物馆、成都博物院、绵阳博物馆、自贡恐龙博物馆、泸州市博物馆、遂宁市宋瓷博物馆等 20 余家省、市级博物馆。全省共有 159 个县级文化馆（2007 年 8 月统计）。从事民族民间文化研究的科研机构、单位有数十家。自 2009 年开始，四川省加快灾后文化重建的步伐，公共文化设施的规划和建设全面提速：《四川省乡镇综合文化站设计方案》正式出台，全省预计补助 7.3 亿元，3 年内修建 4269 个乡镇综合文化站，使其成为惠及群众的"民心工程"和新农村文化建设的"示范工程"；同时，加大投入完成基层文化信息资源共享工程 60 个县级支中心的建设，完成广播电视"村村通"工程 86834 个，建成农家书屋 6393 个（《四川日报》2009 年 5 月 31 日）。一批专家学者和有识之士长期从事非物质文化遗产传承与保护的理论和学术研究工作，积累了一大批研究成果，特别是灾后重建中的"紧急保护羌族文化遗产工作"成果。这些都为四川省非物质文化遗产传承与保护工作做出了贡献，为促进该项工作继续深化奠定了组织基础、学术基础和人才基础。

一、开展普查，成功申报

2005 年 6 月，四川省启动了非物质文化遗产资源的普查工作。至 2009 年底，近 3 年半的普查工作已基本结束。据不完全统计，全省参与这次普查的有 85 万人次，走访民间艺人 4.2 万人次，投入经费 2016 万元，收集珍贵实物和资料 2.5 万件，普查的文字记录量达 6912 万字，录音记录达 4728 小时，录像记录达 5252 小时，拍摄图片 12 万张，汇编普查资料 5068 册。非物质文化遗产资源总量近 10000 项，包括：民间文学 2628 项，传统音乐 1404 项，传统舞蹈 652 项，传统戏剧 192 项，曲艺 274 项，杂技 100 项，传统美术 579 项，传统技艺 1165 项，生产商贸习俗 138 项，消费习俗 227 项，人生礼仪习俗 328 项，岁时节令 356 项，民间信仰习俗 743 项，民间知识 152 项，传统体育、游戏与竞技 213 项，传统医药 97 项，其他 115 项。其中，民间文学的数量最多①。

自 2005 年开始，为贯彻落实国务院办公厅《关于加强我国非物质文化遗产保护工作的意见》（国办发〔2005〕18 号）精神，保护和传承四川省非物质文化遗产，根据《国家级非物质文化遗产保护与管理暂行办法》（文化部部长令第 39 号）及《四川省省级非物质文化遗产名录申报评定暂行办法》，四川省陆续组织开展了国家级和省级非物质文化遗产项目的申报、评审工作。2006 年 6 月，国务院批准的四川川剧、川江号子、都江堰放水节、成都漆艺、自贡井盐深钻汲制技艺、大英县井盐深钻汲制技艺、泸州老窖酒酿制技艺、蜀绣、绵竹木版年画、巴山背二哥、彝族火把节等 27 个项目被列入第一批国家级非物质文化遗产名录。在 2008 年 6 月公布的第二批国家级非物质文化遗产名录（共计 510 项）和第一批国家级非物质文化遗产扩展项目名录（共计 147 项）中，四川清音、格萨尔藏戏、羌年、羌族刺绣、羌族羊皮鼓舞、彝族克智、峨眉武术、自贡灯会、五粮液酒酿制技艺、水井坊酒酿制技艺、剑南春酒酿制技艺、古蔺郎酒酿制技艺、沱牌曲酒酿制技艺、豆瓣传统制作技艺等 78 个项目又名列其中。至此，四川省的国家级非物质文化遗产项目达 105 项。

二、建立名录，形成体系

2006 年 11 月，四川省组织专家按照申报条件和相关标准，对各市（州）相关部门推荐申报的近 200 个项目进行了认真评审和科学认定，经四川省非物质文化遗产保护工作厅级联席会议审核报省政府审定后，于 2007 年 3 月公布四川省首批非物质文化遗产名录中有薅秧歌、康定溜溜调、文昌洞经古乐、口弦、四川耍锣鼓、高台狮子、花灯、锅庄、羌族羊皮鼓舞、四川皮影戏、峨眉武术、石刻工艺、羌绣传统刺绣工艺

---

① 四川省文化厅. 我省非物质文化遗产普查工作取得显著成果. 四川非物质文化遗产，2010（1）.

等189个项目。2007年全省开展了第二批省级非物质文化遗产项目的申报和评审工作，按照申报条件和相关标准，组织专家对各市（州）相关部门推荐申报的272个项目进行了认真评审和科学认定，2009年12月2日初步确定第二批省级非物质文化遗产名录中有羌戈大战、江河号子、四川洞经音乐、熊猫舞、四川车灯、四川手工剪纸等137个项目。2007年6月9日是第二个"中国文化遗产日"，在全国政协礼堂隆重举行了第一批226名国家级非物质文化遗产名录项目代表性传承人的颁奖仪式，四川省14名传承人榜上有名。对于被列入名录的传承人，国家将对他们所掌握的知识和技艺进行抢救性记录、整理，并为他们的传承活动创造条件。

目前，四川省、市、县（区）非物质文化遗产保护工作网络已全面形成，省、市、县三级名录体系基本建立，一个组织到位、机制健全、措施完善、覆盖全面的非物质文化遗产保护工作体系正在形成。

三、努力探索，构建机制

自2005年正式启动非物质文化遗产保护以来，四川省各层级各种类单体文化资源数以万计，在全国名列前茅。其中，世界文化遗产2处，国家级文物保护单位128个，省级文物保护单位578个，馆藏文物130余万件，国家级非物质文化遗产105项，省级非物质文化遗产333项，市级名录879项，县级名录3298项，中国历史文化名城7座，中国历史文化名镇12个。这些都为四川省非物质文化遗产得到更好的传承、保护和发展打下了坚实基础。经过5年的艰苦努力，四川省主要形成了4个方面的保护态势：一是建立了非物质文化遗产保护工作机制，成立了以各级政府领导任组长，由各级文化、财政、教育、规划、建设、宗教等部门组成的保护工作领导小组；二是成立了省、市两级非物质文化遗产保护工作专家评审委员会，实行专家咨询和评审制度；三是成立了省和部分市、州非物质文化遗产保护中心，普查确认了数以万计的县级以上非物质文化遗产名录；四是各区县（市）相应成立了工作机构，初步建立了非物质文化遗产保护名录体系，实施了一系列保护措施，加大了广播、电视、报纸、网络等对非物质文化遗产保护的宣传力度，先后利用"遗产日""中国成都国际非物质文化遗产节""非物质文化遗产周""中国西部文博会"等载体和平台，举办了四川全省非物质文化遗产成果展演、展示等活动，营造氛围、扩大宣传，使全省非物质文化遗产保护工作不断向前发展。

第四节　非物质文化遗产保护对四川省发展的现代意义

一、促进四川省旅游产业发展

四川是我国拥有世界自然文化遗产和国家重点风景名胜区最多的省区，九寨沟、黄龙、乐山大佛—峨眉山和卧龙4处被联合国教科文组织纳入世界自然文化遗产名录和"人与生物圈"保护网络，都江堰—青城山、剑门蜀道、贡嘎山、蜀南竹海、四姑娘山、西岭雪山等9处为国家重点风景名胜区。四川有国家级自然保护区21个，其中国家级大熊猫自然保护区11个；有森林公园88个，其中国家级森林公园31个、省级森林公园49个；有省级风景名胜区44个；有兴文和自贡2个世界级地质公园，有国家级地质公园12个，其数量居全国前列。四川省素有"天府之国"和"风景省"的美称，从高原、山地、峡谷到盆地、丘陵、平原，从江河湖泊到温泉瀑布，从岩溶地区到丹霞地貌，一应俱全。四川也是我国人文景观富集的地区之一，丰富多彩的非物质文化遗产绚丽多姿，独具特色和有较高知名度的文化旅游资源广泛分布于全省各地。要实现灾后重振四川旅游，加快科学规划和开发，就必须创造具有鲜明四川文化特色的文化旅游"精品"，推动文化和旅游产业大发展，使四川省的旅游业走在全国的前列，并在世界上占有一席之地。

（一）对四川省独具特色、极具价值的重点资源进行科学规划和合理开发

1. 挖掘"江源文明"水文化内涵

岷江是古蜀人最早整治利用的江河流域，古称"江源"。蜀人岷江治水跨越数千年，历经"大禹治水、鳖灵凿金堂峡、李冰建都江堰和穿成都二江、文翁治沱开湔江、高骈改府河水道与筑罗城、现代锦江沙河工程"六大阶段，形成了如锦如绣的锦江文

明。当前应科学规划北川、汶川、都江堰市的大禹文化资源，将其建设为全国一流的大禹文化故里展示地。发挥"都江堰—成都"（锦江）水利文化产品的带动作用，加快建设具有"江源文明"和"非物质文化遗产元素"特征的四川特色都市水文化重点旅游景区。例如，成都利用仿古法修建河面水利建筑群、河岸文化展示群，搭配河中山石生态群等；内江举办四川省龙舟公开赛，以及彩船游江、弄潮沱江、动力伞表演、滑水表演、抢鸭子等活动；新津举办传统龙舟会等。依托丰富的水资源和深厚的水文化，恢复延续千年的龙舟节庆特色民俗活动，增加非物质文化遗产展示方式并扩大影响；同时，大力发展水上娱乐、漂流探险项目和河鲜美食节，打造亲水文化休闲带，让越来越多的人感受到"水文化"的魅力。

2. 合理保护和利用古蜀文明遗址

四川省有资阳市鲤鱼桥和黄鳝溪、汉源县富林、攀枝花回龙湾等十多处属于旧石器时代的人类活动遗址，有茂县营盘山遗址、成都平原以宝墩文化命名的十座属于新石器时代的史前城址群。距今 3000 年前的巴蜀青铜文明则孕育出辉煌灿烂的三星堆、金沙、十二桥商周建筑遗址、新都区水观音、成都市区羊子山土台等遗址。还有以宣汉罗家坝巴人王族墓葬为代表的古巴文明遗址群，以及传说中的古蜀五祖墓葬纪念地，如岷山蚕丛氏蚕陵、温江区柏灌墓。鱼凫墓、郫都区杜宇的杜鹃城、望帝丛帝陵与望丛祠、双流区瞿上王城等遗迹，与前述考古遗址群共同构成古蜀文明起源和发展史观览体系，具有重大科学价值和旅游价值①。应合理保护和利用三星堆、金沙遗址、十二桥遗址、船棺、望丛祠等重点古蜀文明的物化载体，整理挖掘古蜀文明的众多传说、文献和民俗，将物质形态的文化遗址和精神形态的文献记载、古老传说、民俗节令一体化开发成古蜀文明探秘旅游产品。

3. 开发建设大熊猫生态休闲旅游区

以阿坝、雅安、成都等大熊猫栖息地世界自然遗产为基地，开发建设大熊猫生态休闲旅游园区，制作大熊猫文化影视剧、动漫产品、网络游戏、出版物、艺术设计系列延伸产品，形成以各个大熊猫生态园为中心、以大熊猫栖息地为系列景点的大熊猫文化旅游产品系列。

---

① 谭继和. 四川文化旅游资源详览. 四川省情，2006（8）.

4. 全面开发三国文化资源，深入发掘三国文化内涵

四川成都、德阳、绵阳、广元至陕西汉中一线有众多三国蜀汉时期的历史文化遗址（迹）和纪念地，如成都武侯祠、三义庙、纪念张飞的桓侯巷、纪念关羽的衣冠庙、纪念黄忠的黄忠小区、纪念赵云的洗马池和赵子龙庙、新都弥牟八阵图等；德阳庞统祠及落凤坡；绵阳富乐山、蒋琬墓、古蜀汉江油关、梓潼七曲山大庙、关公殿、张飞柏等；广元剑阁剑门关、翠云廊、阴平古道、古蜀栈道、阆中桓侯祠等遗迹和纪念地。其中，成都武侯祠是纪念智圣诸葛亮的圣地；剑门蜀道上的绵阳市和广元市是三国蜀汉文化的集中展示地。应以武侯祠、富乐山、剑门关为中心，进行智圣诸葛亮圣地项目建设、三国智慧文化展示项目建设、锦里民俗演示区项目建设、翠云廊剑门蜀道文化观光带项目建设等，形成系列化的三国文化产业外延形式。

5. 加快"诗词书画王国旅游带"建设，深入发掘"文宗在蜀"的文化内涵

打造中国诗歌文化产业化的现代形式，形成以成都杜甫草堂为核心，文脉相连的琴台故径、百花潭、浣花溪公园、望江楼薛涛纪念园林、眉山三苏祠、崇州陆游祠与罨化池、新都升庵祠与桂湖、蓬安司马相如故里、邛崃司马相如与文君井公园、江油李白故居、涪城欧阳修故里、射洪陈子昂故里、新都杨升庵故里、罗江李调元故里、乐山沙湾郭沫若故里、成都巴金故里、内江张大千故里等古今巴蜀"诗词书画王国"互补开发的文化展示体系[①]，让广大游客深入了解这些文化巨匠对中国历史文化的重大贡献，同时享受历史文化带来的极大愉悦感。

6. 合理规划宗教文化展示体系

四川省是一个多民族、多宗教的大省，佛教、道教、伊斯兰教、天主教、基督教五大宗教俱全，有较大数量的宗教教职人员和信教群众。宗教文化设施分布在全省各地，许多著名的宫观寺庙同时也是旅游重地、文物保护单位，甚至是国家级、世界级文化遗产。如佛教景点中最为著名的是峨眉山和乐山大佛。著名禅宗丛林有成都文殊院、昭觉寺、大慈寺、石经寺，以及新都宝光寺、彭州涌华寺、新津观音寺、蒲江河沙寺、新繁龙藏寺、广汉龙居寺、遂宁广德寺和灵泉寺、蓬溪宝梵寺、绵阳圣水寺和滴水寺、江油云岩寺、平武报恩寺、广元皇泽寺、剑阁觉苑寺、阆中永安寺、内江圣水寺等。四川还是佛教石刻艺术之乡，最具特色的是摩岩石刻造像和题记，全省摩岩

---

① 谭继和. 四川文化旅游产业的精品打造方略. 四川省情，2007（1）.

石刻有 70 余处。道教景点中最为著名的是大邑鹤鸣山、青城山、青羊宫、新津老君山、纯阳观和彭州葛仙山等。大邑鹤鸣山是道教开山祖师张陵创教、传教之所，是道教仙学的起源地。青城山是世界文化遗产，是张陵最早传道的道场，是天师道的祖山和昆仑仙宗的发源地。成都青羊宫相传为道教始祖老子化身降临讲经度关令尹喜成仙的地方，有"天下仙学第一宫"的美誉。宜宾真武山道教建筑群是四川现存最大规模的道教建筑。绵阳梓潼七曲山大庙更是中国文昌文化的集中展示地，"儒道结合"最具展示特色。①四川有伊斯兰教清真寺 100 余座，阆中巴巴寺是最著名的清真寺院。四川天主教有 8 个教区，共开放教堂和会所 70 余座。四川省基督教礼拜堂共 71 处，聚会点共 73 处，最著名的教堂有成都圣约翰福音堂、成都四圣祠礼拜堂等。应以乐山大佛、峨眉山、青城山、成都等为重点，加快规划建设各类大型宗教文化旅游景区，形成规模开发的宗教文化旅游产品展示系列。

7. 规划开发名城、古镇、古村、古道系列

四川省现有国家级历史文化名城 7 座（成都、阆中、自贡、宜宾、乐山、都江堰和泸州），居全国首位；省级历史文化名城（镇）55 座。从保护和开发现状看，阆中市古城尚存 0.8 平方千米，而其他名城则仅存少数几片历史文化保护街区和历史地段。四川省著名古镇、古村众多，成都市有双流区黄龙溪镇、大邑县安仁镇、龙泉区洛带镇、崇州街子镇、邛崃市平乐镇、金堂县五凤镇、彭州市白鹿乡城厢镇；川东有广安市广安区肖溪镇、武胜县沿口镇、达州石桥镇；川南有资中县铁佛镇、资中县罗泉镇、隆昌市金鹅镇、隆昌市云顶镇、合江县福宝镇、合江县尧坝镇、洪雅县柳江镇、洪雅县高庙镇、自贡市大安区牛佛镇、自贡市沿滩区仙市镇、宜宾市翠平区李庄镇、屏山县龙华镇、古蔺县太平镇、古蔺县二郎镇；川西有犍为县罗城镇、雅安市雨城区上里镇、雅安市雨城区望鱼乡、荥经县荥河乡、汉源县九襄镇、汉源县清溪镇、西昌市礼州镇；川北有三台县郪江镇、江油市二郎庙镇青林口村、阆中古城（保宁镇）、阆中市老观镇、广元市元坝区昭化镇、巴中市巴州区恩阳陵、通江县麻石镇等。古道是四川省文化旅游资源的重要特色。"难于上青天"的蜀道、南方丝绸之路（五尺道、零关道和永昌道）、茶马古道上分布有不少遗迹，是重要的旅游资源。应加快科学规划，系统建设以国家级历史文化名城、古镇、古村、古道为重点的系列文化旅游景区（点）。

---

① 谭继和. 四川文化旅游资源详览. 四川省情，2006（8）.

8. 深入挖掘举世闻名的世界自然遗产、5·12 大地震遗址和四川省少数民族的文化资源内涵

四川省有彝族、藏族、苗族、羌族、回族、土家族、蒙古族、傈僳族、满族、纳西族、白族、布依族、傣族、壮族共 14 个世居少数民族，人口较多的彝族、藏族、苗族、羌族等少数民族都聚居在巴蜀风光最俊秀、最奇险的区域。彝族主要聚居于凉山州，最具特色的是民居、男女披风服饰、英雄结、头饰、爨文、毕摩文化和天文、历法等，其每年一度的火把节更是四川文化旅游的重要项目。藏族主要分布在甘孜、阿坝两州和凉山州的木里县，最具特色的是康巴文化、嘉绒藏文化、格萨尔文化、德格印经院文化、藏碉民居文化、锅庄舞和弦子舞、唐卡卷轴画、藏戏、藏医药等。白马藏族居住在平武和九寨沟，另有自己独特的服饰和民风习俗，其跳"十二相"是每年最重要的习俗和四川文化旅游的特殊项目。羌族主要分布在阿坝州的汶川县、茂县、理县和绵阳市的北川县，最具特色的是碉楼、栈道、溜索等建筑形式及白石崇拜的特殊习俗。羌历年节庆、大禹祭祀、祭山会、牛王会、莎朗舞、爬天杆、射兽馍、羌绣、云云鞋、喝咂酒等，都是羌族文化的独特风情。苗族主要分布在川南和川西南，最具特色的是接龙舞、花山舞、蜡染、挑花、刺绣、糯米糍粑、油菜汤、荞面、泡酸菜、叉叉房、穿架房、吊脚楼、风雨廊桥等。纳西族摩梭人主要在川滇交界处的泸沽湖聚居，其传承古老的母系大家庭和走婚制习俗，被称为"人类母系社会的活化石"，泸沽湖与摩梭习俗是四川文化旅游的重要项目。要深度开发以德格印经院藏文化宝库为中心的康巴文化发祥地旅游片区建设、岭·格萨尔王故乡建设、康定情歌之乡建设、彝族风情走廊特色旅游区建设、藏羌古碉旅游区建设、道孚嘉绒藏文化旅游片区建设、白马藏文化旅游片区建设、香格里拉民族文化风情区建设①。要科学规划，精心打造以九寨沟—黄龙为中心的精品文化旅游线（包括九寨沟北），以及汶川—北川地震遗址文化旅游带和国家级羌文化生态保护实验区，突出康定情歌、彝族火把节、羌乡灾后重建等重点民族题材、节庆活动和演艺剧目，形成世界自然遗产旅游、地震遗址文化体验、原生态民族文化舞台演出、实景演出及原生态山水体验的民族风情文化旅游系列产品。

9. 发掘红色文化与英杰伟人故里历史题材

四川的红色文化旅游资源十分丰富，有旧民主主义革命时期的杨锐、刘光第、喻

---

① 谭继和. 四川文化旅游产业的精品打造方略. 四川省情，2007（1）.

培伦、吴玉章故居，辛亥秋保路死事纪念碑、罗泉井保路运动会议会址、彭家珍纪念专祠、四川军政府等遗迹和纪念地；还有新民主主义革命时期的遗迹、纪念物和纪念地，如顺泸起义纪念地，万源保卫战纪念地，金川红军革命纪念建筑群，红军十七勇士强夺泸定桥纪念地，达县红三十军政治部旧址，苍溪县红军渡，小金县红一、四方面军同乐会遗址，成都万年场川军抗战无名英雄纪念像，华蓥山游击队活动遗址，解放大西南战役纪念地等。四川还是朱德、邓小平、陈毅、郭沫若、张澜、罗瑞卿、张爱萍、刘伯坚、江竹筠等伟人英杰的故里。要重点打造解放大西南红色旅游区，大渡河（泸定桥、安顺场）纪念地、凉山彝海结盟纪念地等红色文化景区景点，以及广安邓小平故里、仪陇朱德故里、乐至陈毅故里、南充罗瑞卿故里和达州张爱萍故里。

10. 将城乡社区文化与传统民俗文化相结合

将城乡社区文化与传统民俗文化相结合，培养非物质文化遗产传人和民间艺术队伍，创作、演出特色文化剧目，并注入现代休闲文化元素。既重视推进城市社区文化健康发展，又重视发展广汉市"龙狮灯之乡"、新津县五津镇"灯谜之乡"、雷波县"中国彝族民歌之乡"和成都锦江三圣乡、绵阳游仙区老龙山、乐山夹江天福茶园农家乐等特色载体。同时，加大力度推出对国内和国际市场影响较大的文化旅游节庆活动（如中国国际熊猫节、康定情歌节、彝族火把节、中国成都国际非物质文化遗产节等），积极拓展国内外旅游重点客源市场。

（二）发展以成都为中心的都市型文化旅游体系

要着力打造成都中心旅游区建成国内一流和世界著名的文化旅游精品，构建集旅游服务中心、信息中心、购物中心、美食中心、娱乐中心、会展商务中心于一体的重要目的地。要加快现代商贸会展中心、文化博览中心、科技博览中心、体育竞技中心、音乐文化中心、城南市政园林广场及各种小游园的建设。要建设都江堰—青城山精品旅游区和西岭雪山、花水湾、鹤鸣山、雾中山国家级旅游度假区，打造道家休闲养生长寿旅游精品。要建设成都三国文化城、成都美食城，完成城区及主要景区（点）多语种标识体系建设，把成都建设成四川省旅游便捷的中转口岸、西部地区重要的旅游中心城市和国内及国际重要的旅游目的地①。要逐步形成以成都市为中心，包含乐山、眉山、

---

① 谭继和. 四川文化旅游产业的精品打造方略. 四川省情，2007（1）.

雅安、绵阳、自贡、宜宾等城市的文化旅游体系。

（三）大力开发四川省特色文化旅游商品

为适应国内外旅游的发展趋势和需要，四川省重视科学规划，发挥优势，因地制宜，积极开发和打造品牌，并通过开展各类会展、大赛等活动，促进开发多样化、多层次的创新、特色旅游产品。例如，四川省已连续六年举办了六届"大学生旅游产品设计大赛"和"旅游商品设计大赛"，赛事活动为社会各界的设计爱好者、专家、学者提供了施展才华的空间和平台，政府也利用这个平台汇集了社会不同层级的智慧力量，调动了社会各界为四川省旅游商品发展献计献策的积极性，促进了四川省旅游产业的持续健康发展。据 Show China（看中国网）2010 年 11 月 24 日报道，由四川省旅游局、四川省教育厅、四川省文化厅、四川省旅游协会等主办的"中国邮政储蓄银行杯"2010 年第六届四川旅游纪念品设计大赛暨四川大学生旅游艺术设计大赛，于 11 月 17 日至 22 日在四川音乐学院绵阳艺术学院举行。本次大赛创新亮点多，是四川省到目前为止规模最大、影响最广、水平最高、效果最好、最权威的旅游艺术设计大赛。本次大赛有两大参赛主体：一是高校大学生，涉及四川省 70 余所艺术设计、旅游专业高校数万名学生；二是四川省及部分外省旅游商品（含创意设计）企业 300 余家。

二、促进四川省文化产业发展

文化产业具有产品附加值高、环境污染少、能源消耗低、易与新技术对接等特点，世界文化产业近十年来蓬勃发展。我国政府十分重视发展文化产业并借鉴先进经验，陆续出台了相关政策与法规以加大引导和支持力度。2009 年，国务院颁布了中华人民共和国成立以来首个《文化产业振兴规划》，标志着文化产业将"先导性、战略性、划时代"地发展，为促进支柱型产业形成和文化市场繁荣注入"科学规划、创意创新的巨大活力"。

（一）四川省文化产业发展现状

1. 成效

四川省是全国重要的文化资源大省，古蜀文化、文宗文化、革命文化、民族民俗文化和现代科技文化交相辉映，具有发展文化产业的比较优势和巨大潜能。中国共产党第十六次全国代表大会以来，四川省着力于全省文化体制改革和文化产业发展，推进"大集团带大产业"战略，出台了系列支持文化体制改革和文化产业发展的政策措施，文化产业发展加快并增加效益，对全省经济社会发展的贡献率进一步提升。据统计，2007年四川省文化产业总资产为850亿元，总收入为710亿元，实现增加值217亿元，同比增长16.6%，高于同期全省国民经济增长2.4个百分点，占全省GDP的2.07%。文化产业对GDP增长的贡献率为4.12%，拉动GDP增长0.57个百分点。2008年全省文化产业实现增加值255亿元，5年来年均增长速度达到35%。文化产业的资产规模和经济总量在西部位居榜首，在全国处于中偏上水平。全省文化产业单位有2.2万个，从业人员有60万人，占全省城镇从业人员的1.3%。人均创造增加值2.3万元，比全省全社会人均创造增加值高27.7%。四川日报报业集团、新华文轩、省电影公司等有实力、有影响的全国知名文化企业形成了"大集团带大产业，大产业促大发展"的发展格局。文化企业实力逐渐增强，行业优势逐步显现。发行、都市类报业居全国同行业综合竞争力前5强；文化会展办展数居全国前5位，年拉动消费超过100亿元；成都数字娱乐业在全国综合排名第3位。

2. 问题

四川省文化产业总体仍处于起步阶段，在发展规模、发展速度等方面仍较落后，与四川经济条件和文化资源大省的地位不匹配。这突出表现在四个方面：一是文化产业总量偏小、规模不大、实力不强。与上海市、浙江省、北京市、广东省等地相比，四川省文化产业发展规模仍然偏小，比重偏低。2007年，广东省、北京市、浙江省和上海市文化产业增加值分别为1921亿元、993亿元、870亿元和683亿元，占当地GDP比重分别为6.2%、10.6%、6.0%和5.61%，而同期四川省文化产业增加值为217亿元，仅相当于广东省的11%、北京市的22%、浙江省的25%和上海市的32%，占GDP的比重不仅远低于发达省份，也低于全国水平（2.6%）。二是体制和机制不灵活，资源开发整合不够，特色品牌不多。四川省的文化资源优势尚未转化为产品优势，主要存在体制和机制不灵活，资源优势分散；资源开发水平不高，资源整合力度不大，"有资源无产品，有产品无品牌，有数量无质量"；文化产品缺乏创意，形式单一，内容同质，竞争力不强等较突出的问题。三是文化企业以中小企业居多，生产和创新能力不强，创作和经营人才缺乏，信用等级不高，经营风险较大。四是城乡居民文化消费不足，增长缓慢。近年来，四川省城乡居民家庭消费支出增长较快，但用于文教娱乐的消费支出占比不高，保持缓慢增长趋势。

（二）发展四川省文化产业的对策和建议

1. 重点发展文化产业系统的导向性产业——媒体产业

媒体产业包括报刊、图书、广播、电视、电影、互联网和音像制品业等，以纸质传媒和电子传媒为主要形式，以宣传或传播为主要特征。该产业在整个文化产业系统中起中枢作用。在当今的媒体中，最有影响力、市场规模最大的就是电视媒体。四川省除新闻电视外，应该基于自身的地域文化资源，形成和发展自成体系的电视节目创作、电视节目演出、电视节目制作、电视节目播出等电视业结构。例如，四川省非物质文化遗产中的峨眉武术、川江号子、川剧、格萨（斯）尔、康定情歌、都江堰放水节、彝族火把节、文昌文化与洞经音乐、自贡灯会等，历史文化中的武则天、李白、苏洵、苏轼、苏辙、司马相如、陈子昂、张大千、三国文化、格萨尔史诗、薛涛、花蕊夫人、湖广填四川、茶马古道等，民间传说中的禹羌故里与大禹治水、彭祖长寿、蚕丝祖神、观音故里、羌戈大战等，革命斗争中的红军过雪山、川陕苏维埃、保路运动等，自然景观中的神奇九寨、峨眉天下秀、青神天下幽、剑门蜀道、蜀南竹海等，都是进行电视（或电影等）创作的优秀题材。四川省应充分发挥主业突出、优势明显的国有文化大集团的引领作用，推进民营文化产业强劲发展，抓住机遇，整合优势，着力挖掘四川独具特色、极具价值的重点文化资源，争取尽快将精品创作出来。

2. 加快发展文化产业系统的感染性产业——文艺演出业

从组织形式看，文艺演出业有专业团体、民营或民间团体等，对这两方面都要扶持。从文艺演出的内容看，应根据四川省文艺演出业的发展战略区别对待。例如，四川省会成都及各地市州主城区的专业演出团体，当务之急是要打造最能体现四川省地域文化特色的精品文艺节目，通过这些精品文艺节目向全世界推介四川，使更多地区和国家的人们了解四川。对一些濒临消失的民间文艺要进行挖掘、复制和创新，如都江堰放水节、羌族先民的大禹祭祀等，应向湖北、丽江学习挖掘、创新编钟乐舞和丽江古乐的经验，精心打造四川特色精品。在川东，应该以创作蚌鹤舞、薅秧歌为主；在川南，应该以创作峨眉山佛教音乐、大千文化、酒神技艺探秘、盐都神工、竹海仙境、东方维纳斯等为主；在川北，应以创作三国文化、中国蚕桑始祖嫘祖、禹羌故事、诗仙太白、文昌洞经音乐、白马跳曹盖等为主；在川西，应以创作神奇大岷山、熊猫大使、藏羌民族风情、红军不怕远征难、锅庄等为主；在川中，应以创作神奇金沙、三星堆探秘、诸葛亮、卓文君与司马相如、成都道教音乐、欢乐的都江堰放水节、川中大锣、龙舞、川北灯戏等为主。同时，要组织开展与四川民族歌舞有关的演艺或比赛活动，并大力推向国内外市场。

3. 重点做大做强文化产业系统的魅力产业——动漫游戏产业

四川省是中国三大动漫游戏产业中心之一，动漫游戏相关企业超过 160 家，动漫游戏相关从业人员约 1.8 万人，2009 年实现销售收入超过 18 亿元。全省有互联网上网服务营业场所 9000 余家，网吧上网计算机有 62 万余台，居西部之首，排在全国第二位。省会成都市在网络游戏、手机游戏、电子竞技、视频游戏、动画漫画等产业领域的市场规模居全国第三，占全国市场的 10%，宽带上网用户有 80 多万，电子竞技爱好者有 10 万[1]。成都还集聚了一批创意人才，形成了以国家动漫游戏产业（四川）振兴基地、国家数字媒体技术产业化基地、国家网络游戏动漫产业发展基地等为载体的产业园区。四川基地还先后承办了"中国动漫游戏原创大赛"系列活动和"中国动漫游戏工作者年会"等专业化的高端论坛，在全国具有一定的影响力。四川省动漫游戏专业教育资源丰富，四川大学、成都大学、四川理工大学、四川音乐学院绵阳艺术学院、西华大学、四川艺术职业学院等高校都设有动漫游戏专业，目前动漫游戏专业的在校生近万人。良好的人文都市环境汇聚了众多研发人才，为动漫游戏产业的发展提供了强大的智力支撑。在 2009 年第十届四川电视节上，成都恒风动漫制作有限公司制作的 52 集 3D 高清原创动画片《星系宝贝》荣获评委会特别奖，成都巴斯图恩文化传媒有限公司的作品《巴巴象》荣获视听类大奖和最佳网络动画大奖。四川省动漫产业链不断完善，动漫剧节目、动漫综合开发和动漫衍生产品生产渐入佳境。四川省应制定全省动漫及数字娱乐业发展规划和扶持政策，设立动漫原创基金，以政府推动、市场运作、资本链接的方式，整合动漫资源要素，积极鼓励、支持开发以巴蜀文化资源为基础的动漫游戏等产业，着力打造西部领先的动漫及数字娱乐产业基地。

4. 加快发展文化产业系统的朝阳产业——创意设计产业

四川省的创意设计产业有着非常深厚的基础，发展后劲较足。一是专业设计机构较多，成都有专业设计公司 1000 余家，以平面创意为主；还有包装设计公司 200 多

---

[1] 四川动漫游戏产业影响力日渐增强. 中国投资咨询网，http://culture.ocn.com.cn/Info/201003.

家、家具设计公司 20 多家，以及一些个人工作室。二是有一批在国内设计领域有影响的设计人才和知名企业。三是四川省有 20 多所高校都开办了设计专业，每年为设计行业输送的人才达数千人。四是四川省丰富的文化资源和深入骨髓的休闲文化都为创意设计产业的发展带来了灵感。但是，全省行业设计力量比较分散，设计产业特别是知名设计企业的聚集效应和规模效应还没有显现。因此，首先要明确四川省创意设计产业的发展思路，即围绕"消费品创意创新"主线，充分发挥省会成都及周边城市的创意优势，以创意设计成果转化为核心，以中心聚集区为载体，以资源整合为抓手，充分发挥行业组织的作用，搭建产学研公共服务平台，优化产业环境，推动创意设计产业的集群化发展。其次，要明确产业发展目标：一是逐步构建以工业设计为核心，集新材料、新工艺的开发，品牌营销于一体的设计产业体系；二是在更高层次上推动经济转型和升级，促进一般加工向深加工的转变、四川制造向四川创造的转变；三是力争把成都市建设成为我国中西部地区创意设计服务水平最高、专业设计人才最多、设计成果的产业转化能力最强的区域性创意设计中心。最后，要制定全省创意设计产业发展规划、扶持政策和措施，如设立创意设计产业专项资金；搭建公共技术服务平台；举办创意设计的推广活动，支持设计企业参展参赛、交流推广和创立自主品牌；科学规划和建设创意设计园区。

5. 大力发展文化产业系统的怡情性产业——娱乐健身休闲产业

娱乐健身休闲产业包括娱乐休闲业、参观休闲业和健身休闲业。其主要特征是集观赏、娱乐、健身、休闲、雅兴和学习于一体，在娱乐、观光和健身休闲活动中发思古之幽情，启智慧之灵感，"益心体、益和谐"，增强人们对家乡的热爱。因此，要积极开展社区群众娱乐健身休闲活动，如太极拳、太极功夫扇、八段锦、五禽戏、扭秧歌和非物质文化遗产民俗节庆等。

三、促进四川省特色文化名城建设和社会经济全面协调发展

（一）文化创新促进特色文化名城建设

文化是一个民族生生不息的血脉和灵魂，是推动思想解放、社会变革的重要力量，

是一个国家（或地区）、城市的核心竞争力。任何城市都有其文化特征。在当前知识化和全球化的背景下，城市的生命力和竞争力取决于文化创新的能力。建设特色文化名城，最重要的是实现文化创新。通过打造特色文化名城，激发人们的文化创造力，提高城市知名度，促进旅游业发展。

（二）促进社会经济全面协调发展

为贯彻党的"十七大"做出的"推动文化大发展大繁荣"重大决策部署，近年来我国许多省（市）都实施了"文化强省（市）"战略，推进文化传承和创新，这些省（市）的综合实力不断增强，文化基础日益雄厚，知名度和影响力越来越大。上海是中国最具现代化气息的国际性大都市，通过举办"世界博览会""上海国际艺术节"等重大节庆会展活动，进一步深化了上海国际名城概念，铸就了"海派"文化新品牌，提高了上海特色文化名城的集聚力和辐射力，并给整个城市（包括周边地区）的旅游、投资、商务、贸易等活动带来了巨大的发展空间和机会。青岛近年来实施"文化强市"战略，通过推进"人文奥运"与建设现代滨海文化名城相结合，着力建设一批文化创意园区、做强一批龙头文化大企业、建设一批文化大项目，大力发展文化产业，塑造"帆船之都""音乐之岛""影视之城"三大特色文化名城品牌，极大地带动了整个城市（包括周边地区）的发展。大连也通过"文化强市"战略和举办"国际服装文化节"等系列节庆会展活动，充分发挥了"服装文化名城"的品牌效应，带动了整个城市（包括周边地区）的发展。

四川省应认真学习国内外先进经验，深化省情认识，挖掘潜力，解放思想，大胆改革。要坚持创新文化观念、创新文化体制、创新文化模式、创新文化产业发展思路和创新文化品牌；要坚持传承传统文化精华，兼收并蓄，并加快创新发展特色文化名城。通过四川省特色文化名城建设，进一步激发四川人民的文化创造力，努力打造特色文化，提高名城知名度，促进旅游和招商引资多方面发展，从而推动全省跨越式发展和社会经济全面协调发展。

思考题

1. 四川省非物质文化遗产的主要特点是什么？现有多少个国家级项目？现有多少个省

级项目?

2. 简述四川省非物质文化遗产保护工作和成效。

3. 简述四川省非物质文化遗产资源利用对四川省旅游产业发展的重要性。

4. 简述四川省非物质文化遗产资源利用对四川省文化产业发展的重要性。

5. 如何合理利用非物质文化遗产资源?

6. 结合所学知识和自己掌握的资料,谈谈如何更好地抢救、保护家乡的非物质文化遗产。

7. 试举例谈谈自己对文化创新的理解。

附　录

一、《中华人民共和国非物质文化遗产法》

第一章　总则

第一条　为了继承和弘扬中华民族优秀传统文化，促进社会主义精神文明建设，加强非物质文化遗产保护、保存工作，制定本法。

第二条　本法所称非物质文化遗产，是指各族人民世代相传并视为其文化遗产组成部分的各种传统文化表现形式，以及与传统文化表现形式相关的实物和场所。包括：

（一）传统口头文学以及作为其载体的语言；

（二）传统美术、书法、音乐、舞蹈、戏剧、曲艺和杂技；

（三）传统技艺、医药和历法；

（四）传统礼仪、节庆等民俗；

（五）传统体育和游艺；

（六）其他非物质文化遗产。

属于非物质文化遗产组成部分的实物和场所，凡属文物的，适用《中华人民共和国文物保护法》的有关规定。

第三条　国家对非物质文化遗产采取认定、记录、建档等措施予以保存，对体现中华民族优秀传统文化，具有历史、文学、艺术、科学价值的非物质文化遗产采取传承、传播等措施予以保护。

第四条　保护非物质文化遗产，应当注重其真实性、整体性和传承性，有利于增强中华民族的文化认同，有利于维护国家统一和民族团结，有利于促进社会和谐和可持续发展。

第五条　使用非物质文化遗产，应当尊重其形式和内涵。

禁止以歪曲、贬损等方式使用非物质文化遗产。

第六条　县级以上人民政府应当将非物质文化遗产保护、保存工作纳入本级国民经济和社会发展规划，并将保护、保存经费列入本级财政预算。

国家扶持民族地区、边远地区、贫困地区的非物质文化遗产保护、保存工作。

第七条　国务院文化主管部门负责全国非物质文化遗产的保护、保存工作，县级以上地方人民政府文化主管部门负责本行政区域内非物质文化遗产的保护、保存工作。

县级以上人民政府其他有关部门在各自职责范围内，负责有关非物质文化遗产的保护、保存工作。

第八条　县级以上人民政府应当加强对非物质文化遗产保护工作的宣传，提高全社会保护非物质文化遗产的意识。

第九条　国家鼓励和支持公民、法人和其他组织参与非物质文化遗产保护工作。

第十条　对在非物质文化遗产保护工作中做出显著贡献的组织和个人，按照国家有关规定予以表彰、奖励。

第二章　非物质文化遗产的调查

第十一条　县级以上人民政府根据非物质文化遗产保护、保存工作需要，组织非物质文化遗产调查。非物质文化遗产调查由文化主管部门负责进行。

县级以上人民政府其他有关部门可以对其工作领域内的非物质文化遗产进行调查。

第十二条　文化主管部门和其他有关部门进行非物质文化遗产调查，应当对非物质文化遗产予以认定、记录、建档，建立健全调查信息共享机制。

文化主管部门和其他有关部门进行非物质文化遗产调查，应当收集属于非物质文化遗产组成部分的代表性实物，整理调查工作中取得的资料，并妥善保存，防止损毁、流失。其他有关部门取得的实物图片、资料复制件，应当汇交给同级文化主管部门。

第十三条　文化主管部门应当全面了解非物质文化遗产有关情况，建立非物质文化遗产档案及相关数据库。除依法应当保密的外，非物质文化遗产档案及相关数据信息应当公开，便于公众查阅。

第十四条　公民、法人和其他组织可以依法进行非物质文化遗产调查。

第十五条　境外组织或者个人在中华人民共和国境内进行非物质文化遗产调查，应当报经省、自治区、直辖市人民政府文化主管部门批准；调查在两个以上省、自治区、直辖市行政区域进行的，应当报经国务院文化主管部门批准；调查结束后，应当向批准调查的文化主管部门提交调查报告和调查中取得的实物图片、资料复制件。

境外组织在中华人民共和国境内进行非物质文化遗产调查，应当与境内非物质文化遗产学术研究机构合作进行。

第十六条　进行非物质文化遗产调查，应当征得调查对象的同意，尊重其风俗习惯，不得损害其合法权益。

第十七条　对通过调查或者其他途径发现的濒临消失的非物质文化遗产项目，县级人民政府文化主管部门应当立即予以记录并收集有关实物，或者采取其他抢救性保存措施；对需要传承的，应当采取有效措施支持传承。

第三章　非物质文化遗产代表性项目名录

第十八条　国务院建立国家级非物质文化遗产代表性项目名录，将体现中华民族优秀传统文化，具有重大历史、文学、艺术、科学价值的非物质文化遗产项目列入名录予以保护。

省、自治区、直辖市人民政府建立地方非物质文化遗产代表性项目名录，将本行政区域内体现中华民族优秀传统文化，具有历史、文学、艺术、科学价值的非物质文化遗产项目列入名录予以保护。

第十九条　省、自治区、直辖市人民政府可以从本省、自治区、直辖市非物质文化遗产代表性项目名录中向国务院文化主管部门推荐列入国家级非物质文化遗产代表性项目名录的项目。推荐时应当提交下列材料：

（一）项目介绍，包括项目的名称、历史、现状和价值；

（二）传承情况介绍，包括传承范围、传承谱系、传承人的技艺水平、传承活动的社会影响；

（三）保护要求，包括保护应当达到的目标和应当采取的措施、步骤、管理制度；

（四）有助于说明项目的视听资料等材料。

第二十条　公民、法人和其他组织认为某项非物质文化遗产体现中华民族优秀传统文化，具有重大历史、文学、艺术、科学价值的，可以向省、自治区、直辖市人民政府或者国务院文化主管部门提出列入国家级非物质文化遗产代表性项目名录的建议。

第二十一条　相同的非物质文化遗产项目，其形式和内涵在两个以上地区均保持完整的，可以同时列入国家级非物质文化遗产代表性项目名录。

第二十二条　国务院文化主管部门应当组织专家评审小组和专家评审委员会，对推荐或者建议列入国家级非物质文化遗产代表性项目名录的非物质文化遗产项目进行初评和审议。

初评意见应当经专家评审小组成员过半数通过。专家评审委员会对初评意见进行审议，提出审议意见。

评审工作应当遵循公开、公平、公正的原则。

第二十三条　国务院文化主管部门应当将拟列入国家级非物质文化遗产代表性项目名录的项目予以公示，征求公众意见。公示时间不得少于二十日。

第二十四条　国务院文化主管部门根据专家评审委员会的审议意见和公示结果，拟订国家级非物质文化遗产代表性项目名录，报国务院批准、公布。

第二十五条　国务院文化主管部门应当组织制定保护规划，对国家级非物质文化遗产代表性项目予以保护。

省、自治区、直辖市人民政府文化主管部门应当组织制定保护规划，对本级人民政府批准公布的地方非物质文化遗产代表性项目予以保护。

制定非物质文化遗产代表性项目保护规划，应当对濒临消失的非物质文化遗产代表性项目予以重点保护。

第二十六条　对非物质文化遗产代表性项目集中、特色鲜明、形式和内涵保持完整的特定区域，当地文化主管部门可以制定专项保护规划，报经本级人民政府批准后，实行区域性整体保护。确定对非物质文化遗产实行区域性整体保护，应当尊重当地居民的意愿，并保护属于非物质文化遗产组成部分的实物和场所，避免遭受破坏。

实行区域性整体保护涉及非物质文化遗产集中地村镇或者街区空间规划的，应当由当地城乡规划主管部门依据相关法规制定专项保护规划。

第二十七条　国务院文化主管部门和省、自治区、直辖市人民政府文化主管部门应当对非物质文化遗产代表性项目保护规划的实施情况进行监督检查；发现保护规划未能有效实施的，应当及时纠正、处理。

第四章　非物质文化遗产的传承与传播

第二十八条　国家鼓励和支持开展非物质文化遗产代表性项目的传承、传播。

第二十九条　国务院文化主管部门和省、自治区、直辖市人民政府文化主管部门对本级人民政府批准公布的非物质文化遗产代表性项目，可以认定代表性传承人。

非物质文化遗产代表性项目的代表性传承人应当符合下列条件：

（一）熟练掌握其传承的非物质文化遗产；

（二）在特定领域内具有代表性，并在一定区域内具有较大影响；

（三）积极开展传承活动。

认定非物质文化遗产代表性项目的代表性传承人，应当参照执行本法有关非物质文化遗产代表性项目评审的规定，并将所认定的代表性传承人名单予以公布。

第三十条　县级以上人民政府文化主管部门根据需要，采取下列措施，支持非物质文化遗产代表性项目的代表性传承人开展传承、传播活动：

（一）提供必要的传承场所；

（二）提供必要的经费资助其开展授徒、传艺、交流等活动；

（三）支持其参与社会公益性活动；

（四）支持其开展传承、传播活动的其他措施。

第三十一条　非物质文化遗产代表性项目的代表性传承人应当履行下列义务：

（一）开展传承活动，培养后继人才；

（二）妥善保存相关的实物、资料；

（三）配合文化主管部门和其他有关部门进行非物质文化遗产调查；

（四）参与非物质文化遗产公益性宣传。

非物质文化遗产代表性项目的代表性传承人无正当理由不履行前款规定义务的，文化主管部门可以取消其代表性传承人资格，重新认定该项目的代表性传承人；丧失传承能力的，文化主管部门可以重新认定该项目的代表性传承人。

第三十二条　县级以上人民政府应当结合实际情况，采取有效措施，组织文化主管部门和其他有关部门宣传、展示非物质文化遗产代表性项目。

第三十三条　国家鼓励开展与非物质文化遗产有关的科学技术研究和非物质文化遗产保护、保存方法研究，鼓励开展非物质文化遗产的记录和非物质文化遗产代表性项目的整理、出版等活动。

第三十四条　学校应当按照国务院教育主管部门的规定，开展相关的非物质文化遗产教育。

新闻媒体应当开展非物质文化遗产代表性项目的宣传，普及非物质文化遗产知识。

第三十五条　图书馆、文化馆、博物馆、科技馆等公共文化机构和非物质文化遗产学术研究机构、保护机构以及利用财政性资金举办的文艺表演团体、演出场所经营单位等，应当根据各自业务范围，开展非物质文化遗产的整理、研究、学术交流和非物质文化遗产代表性项目的宣传、展示。

第三十六条　国家鼓励和支持公民、法人和其他组织依法设立非物质文化遗产展示场所和传承场所，展示和传承非物质文化遗产代表性项目。

第三十七条　国家鼓励和支持发挥非物质文化遗产资源的特殊优势，在有效保护的基础上，合理利用非物质文化遗产代表性项目开发具有地方、民族特色和市场潜力的文化产品和文化服务。

开发利用非物质文化遗产代表性项目的，应当支持代表性传承人开展传承活动，保护属于该项目组成部分的实物和场所。

县级以上地方人民政府应当对合理利用非物质文化遗产代表性项目的单位予以扶持。单位合理利用非物质文化遗产代表性项目的，依法享受国家规定的税收优惠。

第五章　法律责任

第三十八条　文化主管部门和其他有关部门的工作人员在非物质文化遗产保护、保存工作中玩忽职守、滥用职权、徇私舞弊的，依法给予处分。

第三十九条　文化主管部门和其他有关部门的工作人员进行非物质文化遗产调查时侵犯调查对象风俗习惯，造成严重后果的，依法给予处分。

第四十条　违反本法规定，破坏属于非物质文化遗产组成部分的实物和场所的，依法承担民事责任；构成违反治安管理行为的，依法给予治安管理处罚。

第四十一条　境外组织违反本法第十五条规定的，由文化主管部门责令改正，给予警告，没收违法所得及调查中取得的实物、资料；情节严重的，并处十万元以上五十万元以下的罚款。

境外个人违反本法第十五条第一款规定的，由文化主管部门责令改正，给予警告，没收违法所得及调查中取得的实物、资料；情节严重的，并处一万元以上五万元以下的罚款。

第四十二条　违反本法规定，构成犯罪的，依法追究刑事责任。

第六章　附则

第四十三条　建立地方非物质文化遗产代表性项目名录的办法，由省、自治区、直辖市参照本法有关规定制定。

第四十四条　使用非物质文化遗产涉及知识产权的，适用有关法律、行政法规的规定。

对传统医药、传统工艺美术等的保护，其他法律、行政法规另有规定的，依照其规定。

第四十五条　本法自 2011 年 6 月 1 日起施行。

二、《世界文化遗产保护管理办法》

第一条　为了加强对世界文化遗产的保护和管理，履行对《保护世界文化与自然遗产公约》的责任和义务，传承人类文明，依据《中华人民共和国文物保护法》制定本办法。

第二条　本办法所称世界文化遗产，是指列入联合国教科文组织《世界遗产名录》的世界文化遗产和文化与自然混合遗产中的文化遗产部分。

第三条　世界文化遗产工作贯彻保护为主、抢救第一、合理利用、加强管理的方针，确保世界文化遗产的真实性和完整性。

第四条　国家文物局主管全国世界文化遗产工作，协调、解决世界文化遗产保护和管理中的重大问题，监督、检查世界文化遗产所在地的世界文化遗产工作。

县级以上地方人民政府及其文物主管部门依照本办法的规定，制定管理制度，落实工作措施，负责本行政区域内的世界文化遗产工作。

第五条　县级以上地方人民政府应当将世界文化遗产保护和管理所需的经费纳入本级财政预算。

公民、法人和其他组织可以通过捐赠等方式设立世界文化遗产保护基金，专门用于世界文化遗产保护。世界文化遗产保护基金的募集、使用和管理，依照国家有关法律、行政法规和部门规章的规定执行。

第六条　国家对世界文化遗产保护的重大事项实行专家咨询制度，由国家文物局建立专家咨询机制开展相关工作。

世界文化遗产保护专家咨询工作制度由国家文物局制定并公布。

第七条　公民、法人和其他组织都有依法保护世界文化遗产的义务。

国家鼓励公民、法人和其他组织参与世界文化遗产保护。

国家文物局、县级以上地方人民政府及其文物主管部门应当对在世界文化遗产保护中做出突出贡献的组织或者个人给予奖励。

省级文物主管部门应当建立世界文化遗产保护志愿者工作制度，开展志愿者的组织、指导和培训工作。

第八条　世界文化遗产保护规划由省级人民政府组织编制。承担世界文化遗产保护规划编制任务的机构，应当取得国家文物局颁发的资格证书。世界文化遗产保护规划应当明确世界文化遗产保护的标准和重点，分类确定保护措施，符合联合国教科文组织有关世界文化遗产的保护要求。

尚未编制保护规划，或者保护规划内容不符合本办法要求的世界文化遗产，应当自本办法施行之日起1年内编制、修改保护规划。

世界文化遗产保护规划由省级文物主管部门报国家文物局审定。经国家文物局审定的世界文化遗产保护规划，由省级人民政府公布并组织实施。世界文化遗产保护规划的要求，应当纳入县级以上地方人民政府的国民经济和社会发展规划、土地利用总体规划和城乡规划。

第九条　世界文化遗产中的不可移动文物，应当根据其历史、艺术和科学价值依法核定公布为文物保护单位。尚未核定公布为文物保护单位的不可移动文物，由县级文物主管部门予以登记并公布。

世界文化遗产中的不可移动文物，按照《中华人民共和国文物保护法》和《中华人民共和国文物保护法实施条例》的有关规定实施保护和管理。

第十条　世界文化遗产中的文物保护单位，应当根据世界文化遗产保护的需要依法划定保护范围和建设控制地带并予以公布。保护范围和建设控制地带的划定，应当符合世界文化遗产核心区和缓冲区的保护要求。

第十一条　省级人民政府应当为世界文化遗产做出标志说明。标志说明的设立不得对世界文化遗产造成损害。

世界文化遗产标志说明应当包括世界文化遗产的名称、核心区、缓冲区和保护机构等内容，并包含联合国教科文组织公布的世界遗产标志图案。

第十二条　省级人民政府应当为世界文化遗产建立保护记录档案，并由其文物主管部门报国家文物局备案。

国家文物局应当建立全国的世界文化遗产保护记录档案库，并利用高新技术建立世界文化遗产管理动态信息系统和预警系统。

第十三条　省级人民政府应当为世界文化遗产确定保护机构。保护机构应当对世界文化遗产进行日常维护和监测，并建立日志。发现世界文化遗产存在安全隐患的，保护机构应当采取控制措施，并及时向县级以上地方人民政府和省级文物主管部门报告。

世界文化遗产保护机构的工作人员实行持证上岗制度，主要负责人应当取得国家文物局颁发的资格证书。

第十四条　世界文化遗产辟为参观游览区，应当充分发挥文化遗产的宣传教育作用，并制定完善的参观游览服务管理办法。

世界文化遗产保护机构应当将参观游览服务管理办法报省级文物主管部门备案。省级文物主管部门应当对世界文化遗产的参观游览服务管理工作进行监督检查。

第十五条　在参观游览区内设置服务项目，应当符合世界文化遗产保护规划的管理要求，并与世界文化遗产的历史和文化属性相协调。

服务项目由世界文化遗产保护机构负责具体实施。实施服务项目，应当遵循公开、公平、公正和公共利益优先的原则，并维护当地居民的权益。

第十六条　各级文物主管部门和世界文化遗产保护机构应当组织开展文化旅游的调查和研究工作，发掘并展示世界文化遗产的历史和文化价值，保护并利用世界文化遗产工作中积累的知识产权。

第十七条　发生或可能发生危及世界文化遗产安全的突发事件时，保护机构应当立即采取必要的控制措施，并同时向县级以上地方人民政府和省级文物主管部门报告。省级文物主管部门应当在接到报告 2 小时内，向省级人民政府和国家文物局报告。

省级文物主管部门接到有关报告后，应当区别情况决定处理办法并负责实施。国家文物局应当督导并检查突发事件的及时处理，提出防范类似事件发生的具体要求，并向各世界文化遗产所在地省级人民政府通报突发事件的发生及处理情况。

第十八条　国家对世界文化遗产保护实行监测巡视制度，由国家文物局建立监测巡视机制开展相关工作。

世界文化遗产保护监测巡视工作制度由国家文物局制定并公布。

第十九条　因保护和管理不善，致使真实性和完整性受到损害的世界文化遗产，由国家文物局列入《中国世界文化遗产警示名单》予以公布。

列入《中国世界文化遗产警示名单》的世界文化遗产所在地省级人民政府，应当对保护和管理工作中存在的问题提出整改措施，限期改进保护管理工作。

第二十条　违反本办法规定，造成世界文化遗产损害的，依据有关规定追究责任人的责任。

第二十一条　列入《中国世界文化遗产预备名单》的文化遗产，参照本办法的规定实施保护和管理。

第二十二条　本办法自公布之日起施行。

文化部

2016 年 11 月 14 日

三、《国家级非物质文化遗产保护与管理暂行办法》

中华人民共和国文化部令第 39 号

《国家级非物质文化遗产保护与管理暂行办法》已经 2006 年 10 月 25 日文化部部务会议审议通过，现予发布，自 2006 年 12 月 1 日起施行。

二〇〇六年十一月二日

第一条　为有效保护和传承国家级非物质文化遗产，加强保护工作的管理，特制定本办法。

第二条　本办法所称"国家级非物质文化遗产"是指列入国务院批准公布的国家级非物质文化遗产名录中的所有非物质文化遗产项目。

第三条　国家级非物质文化遗产的保护，实行"保护为主、抢救第一、合理利用、传承发展"的方针，坚持真实性和整体性的保护原则。

第四条　国务院文化行政部门负责组织、协调和监督全国范围内国家级非物质文化遗产的保护工作。

省级人民政府文化行政部门负责组织、协调和监督本行政区域内国家级非物质文化遗产的保护工作。

国家级非物质文化遗产项目所在地人民政府文化行政部门，负责组织、监督该项目的具体保护工作。

第五条　国务院文化行政部门组织制定国家级非物质文化遗产保护整体规划，并定期对规划的实施情况进行检查。

省级人民政府文化行政部门组织制定本行政区域内国家级非物质文化遗产项目的保护规划，经国务院文化行政部门批准后组织实施，并于每年十一月底前向国务院文化行政部门提交保护规划本年度实施情况和下一年度保护工作计划。

第六条　国家级非物质文化遗产项目应当确定保护单位，具体承担该项目的保护与传承工作。保护单位的推荐名单由该项目的申报地区或者单位提出，经省级文化行政部门组织专家审议后，报国务院文化行政部门认定。

第七条　国家级非物质文化遗产项目保护单位应具备以下基本条件：

（一）有该项目代表性传承人或者相对完整的资料；

（二）有实施该项目保护计划的能力；

（三）有开展传承、展示活动的场所和条件。

第八条　国家级非物质文化遗产项目保护单位应当履行以下职责：

（一）全面收集该项目的实物、资料，并登记、整理、建档；

（二）为该项目的传承及相关活动提供必要条件；

（三）有效保护该项目相关的文化场所；

（四）积极开展该项目的展示活动；

（五）向负责该项目具体保护工作的当地人民政府文化行政部门报告项目保护实施情况，并接受监督。

第九条　国务院文化行政部门统一制作国家级非物质文化遗产项目标牌，由省级人民政府文化行政部门交该项目保护单位悬挂和保存。

第十条　国务院文化行政部门对国家级非物质文化遗产项目保护给予必要的经费资助。

县级以上人民政府文化行政部门应当积极争取当地政府的财政支持，对在本行政区域内的国家级非物质文化遗产项目的保护给予资助。

第十一条　国家级非物质文化遗产项目保护单位根据自愿原则，提出该项目代表性传承人的推荐名单，经省级人民政府文化行政部门组织专家评议后，报国务院文化行政部门批准。

第十二条　国家级非物质文化遗产项目代表性传承人应当符合以下条件：

（一）完整掌握该项目或者其特殊技能；

（二）具有该项目公认的代表性、权威性与影响力；

（三）积极开展传承活动，培养后继人才。

第十三条　国家级非物质文化遗产项目代表性传承人应当履行传承义务；丧失传承能力、无法履行传承义务的，应当按照程序另行认定该项目代表性传承人；怠于履行传承义务的，取消其代表性传承人的资格。

第十四条　国务院文化行政部门组织建立国家级非物质文化遗产数据库。有条件的地方，应建立国家级非物质文化遗产博物馆或者展示场所。

第十五条　国务院文化行政部门组织制定国家级非物质文化遗产实物资料等级标准和出入境标准。其中经文物部门认定为文物的，适用文物保护法律法规的有关规定。

第十六条　国家级非物质文化遗产项目保护单位和相关实物资料的保护机构应当建立健全规章制度，妥善保管实物资料，防止损毁和流失。

第十七条　县级以上人民政府文化行政部门应当鼓励、支持通过节日活动、展览、培训、教育、大众传媒等手段，宣传、普及国家级非物质文化遗产知识，促进其传承和社会共享。

第十八条 省级人民政府文化行政部门应当对国家级非物质文化遗产项目所依存的文化场所划定保护范围，制作标识说明，进行整体性保护，并报国务院文化行政部门备案。

第十九条 省级人民政府文化行政部门可以选择本行政区域内的国家级非物质文化遗产项目，为申报联合国教科文组织"人类非物质文化遗产代表作"，向国务院文化行政部门提出申请。

第二十条 国家级非物质文化遗产项目的名称和保护单位不得擅自变更；未经国务院文化行政部门批准，不得对国家级非物质文化遗产项目标牌进行复制或者转让。

国家级非物质文化遗产项目的域名和商标注册和保护，依据相关法律法规执行。

第二十一条 利用国家级非物质文化遗产项目进行艺术创作、产品开发、旅游活动等，应当尊重其原真形式和文化内涵，防止歪曲与滥用。

第二十二条 国家级非物质文化遗产项目含有国家秘密的，应当按照国家保密法律法规的规定确定密级，予以保护；含有商业秘密的，按照国家有关法律法规执行。

第二十三条 各级人民政府文化行政部门应当鼓励和支持企事业单位、社会团体和个人捐赠国家级非物质文化遗产实物资料或者捐赠资金和实物用于国家级非物质文化遗产保护。

第二十四条 国务院文化行政部门对在国家级非物质文化遗产保护工作中有突出贡献的单位和个人，给予表彰奖励。

第二十五条 国务院文化行政部门定期组织对国家级非物质文化遗产项目保护情况的检查。

国家级非物质文化遗产项目保护单位有下列行为之一的，由县级以上人民政府文化行政部门责令改正，并视情节轻重予以警告、严重警告，直至解除其保护单位资格：

（一）擅自复制或者转让标牌的；

（二）侵占国家级非物质文化遗产珍贵实物资料的；

（三）怠于履行保护职责的。

第二十六条 有下列行为之一的，对负有责任的主管人员和其他直接责任人员依法给予行政处分；构成犯罪的，依法追究刑事责任：

（一）擅自变更国家级非物质文化遗产项目名称或者保护单位的；

（二）玩忽职守，致使国家级非物质文化遗产所依存的文化场所及其环境造成破坏的；

（三）贪污、挪用国家级非物质文化遗产项目保护经费的。

第二十七条　本办法由国务院文化行政部门负责解释。

第二十八条　本办法自 2006 年 12 月 1 日起施行。

四、《国家级非物质文化遗产项目代表性传承人认定与管理暂行办法》

中华人民共和国文化部令

第　45　号

《国家级非物质文化遗产项目代表性传承人认定与管理暂行办法》已经 2008 年 5 月 14 日文化部部务会议审议通过，现予发布，自 2008 年 6 月 14 日起施行。

部　长　蔡　武

二〇〇八年五月十四日

第一条　为有效保护和传承国家级非物质文化遗产，鼓励和支持国家级非物质文化遗产项目代表性传承人开展传习活动，根据国家有关规定，制定本办法。

第二条　本办法所称的"国家级非物质文化遗产项目代表性传承人"，是指经国务院文化行政部门认定的，承担国家级非物质文化遗产名录项目传承保护责任，具有公认的代表性、权威性与影响力的传承人。

第三条　认定国家级非物质文化遗产项目代表性传承人，应当坚持公开、公平、公正的原则，严格履行申报、审核、评审、公示、审批等程序。

第四条　符合下列条件的公民可以申请或者被推荐为国家级非物质文化遗产项目代表性传承人：

（一）掌握并承续某项国家级非物质文化遗产；

（二）在一定区域或领域内被公认为具有代表性和影响力；

（三）积极开展传承活动，培养后继人才。

从事非物质文化遗产资料收集、整理和研究的人员不得认定为国家级非物质文化遗产项目代表性传承人。

第五条　公民提出国家级非物质文化遗产项目代表性传承人申请的，应当向所在地县级以上文化行政部门提供以下材料：

（一）申请人基本情况，包括年龄、性别、文化程度、职业、工作单位等；

（二）该项目的传承谱系以及申请人的学习与实践经历；

（三）申请人的技艺特点、成就及相关的证明材料；

（四）申请人持有该项目的相关实物、资料的情况；

（五）其他有助于说明申请人代表性的材料。

国家级非物质文化遗产项目保护单位可以向所在地县级以上文化行政部门推荐该项目代表性传承人，但应当征得被推荐人的同意，推荐材料应当包括第一款各项内容。

项目保护单位属省级行政部门直属单位的，可以将推荐材料直接报送省级文化行政部门；项目保护单位属中央各部门直属单位的，可以将推荐材料直接报送国务院文化行政部门。

第六条　文化行政部门接到申请材料或推荐材料后，应当组织专家进行审核并逐级上报。

省级文化行政部门收到上述材料后，应当组织省级非物质文化遗产专家委员会进行评审，结合该项目在本行政区域内的分布情况，提出推荐名单和审核意见，连同原始申报材料和专家评审意见一并报送国务院文化行政部门。

第七条　国务院文化行政部门收到省级文化行政部门报送的申报材料后，结合申请项目在全国的分布情况，进行整理分类，组织该项目领域的专家组进行初评，由专家组提出初评意见。

第八条　国务院文化行政部门设立国家级非物质文化遗产项目代表性传承人评审委员会。评审委员会对各专家组的初评意见进行审核评议，提出国家级非物质文化遗产项目代表性传承人推荐名单。

第九条　国务院文化行政部门对评审委员会提出的代表性传承人的推荐名单向社会公示，公示期为 15 天。

第十条　国务院文化行政部门根据公示结果，审定国家级非物质文化遗产项目代表性传承人名单，并予以公布。

第十一条　国家级非物质文化遗产项目保护单位应采取文字、图片、录音、录像等方式，全面记录该项目代表性传承人掌握的非物质文化遗产表现形式、技艺和知识等，有计划地征集并保管代表性传承人的代表作品，建立有关档案。

第十二条　各级文化行政部门应对开展传习活动确有困难的国家级非物质文化遗产项目代表性传承人予以支持，支持方式主要有：

（一）资助传承人的授徒传艺或教育培训活动；

（二）提供必要的传习活动场所；

（三）资助有关技艺资料的整理、出版；

（四）提供展示、宣传及其他有利于项目传承的帮助。

对无经济收入来源、生活确有困难的国家级非物质文化遗产项目代表性传承人，所在地文化行政部门应积极创造条件，并鼓励社会组织和个人进行资助，保障其基本生活需求。

第十三条　国家级非物质文化遗产项目代表性传承人应承担以下义务：

（一）在不违反国家有关法律法规的前提下，根据文化行政部门的要求，提供完整的项目操作程序、技术规范、原材料要求、技艺要领等；

（二）制定项目传承计划和具体目标任务，报文化行政部门备案；

（三）采取收徒、办学等方式，开展传承工作，无保留地传授技艺，培养后继人才；

（四）积极参与展览、演示、研讨、交流等活动；

（五）定期向所在地文化行政部门提交项目传承情况报告。

第十四条　省级文化行政部门应于每年年底前将本行政区域国家级非物质文化遗产项目代表性传承人的情况报送国务院文化行政部门。

第十五条　国务院文化行政部门应当建立国家级非物质文化遗产项目代表性传承人档案。

国务院文化行政部门对做出突出贡献的国家级非物质文化遗产项目代表性传承人，给予表彰和奖励。

第十六条　国家级非物质文化遗产项目代表性传承人无正当理由不履行传承义务的，经省级文化行政部门核实后，报国务院文化行政部门批准，取消其代表性传承人资格，重新认定该项目的代表性传承人。

国家级非物质文化遗产项目代表性传承人丧失传承能力的，经省级文化行政部门核实后，报国务院文化行政部门，重新认定该项目的代表性传承人。

第十七条　本《暂行办法》由国务院文化行政部门负责解释。

第十八条　本《暂行办法》自 2008 年 6 月 14 日起施行。

五、《国家非物质文化遗产保护专项资金管理暂行办法》

第一章　总　则

第一条　为了规范和加强国家非物质文化遗产保护专项资金（以下简称专项资金）的管理，提高资金使用效益，根据《国务院办公厅关于加强我国非物质文化遗产保护工作的意见》（国办发〔2005〕18号）和国家有关财政法律制度规定，结合我国非物质文化遗产保护工作实际，制定本办法。

第二条　专项资金的来源为中央财政拨款。专项资金的年度预算根据非物质文化遗产保护工作总体规划、年度工作计划及国家财力情况核定。

第三条　专项资金的管理和使用应当坚持统一管理、分级负责、合理安排、专款专用的原则。用于地方的保护项目补助经费适当向中西部地区倾斜。

第四条　专项资金的管理和使用严格执行国家有关法律法规和财务规章制度，并接受财政、审计和文化等相关部门的监督检查。

第二章　专项资金的分类及开支范围

第五条　专项资金分为保护项目补助经费和组织管理经费两大类。

第六条　保护项目补助经费是指对国家名录项目及其他重大项目进行保护、保存、研究、传承等方面所发生的支出，包括国家名录项目保护传承经费和其他重大项目保护补助经费。

（一）国家名录项目保护传承经费的主要开支范围包括：理论及技艺研究费、传承人及传习活动补助费、民俗活动补助费、资料抢救整理及出版费、文化生态区保护补助费等。

（二）其他重大项目保护补助经费的主要开支范围包括：国家名录项目以外的重大课题研究补助费、资料抢救整理及出版费等。

第七条　组织管理经费是指为保证非物质文化遗产保护工作正常开展所发生的各项支出，主要包括普查经费、宣传出版经费和专家咨询经费等。

第三章　专项资金的申报与管理

第八条　专项资金由地方各级文化行政部门和财政部门逐级申报，经省级文化行政部门和财政部门审核汇总后共同报文化部和财政部。单位或个人均可向当地文化行政部门和财政部门提出申请。凡越级上报或单方面上报的均不受理。

中央部门所属单位通过中央部门汇总后直接向文化部提出申报。

地方和中央部门出现内容相似的申请项目时，鼓励联合申报，同时遵循属地优先原则。

第九条　国家名录项目以外的其他重大项目保护补助经费，也按上述原则申报。

第十条　保护项目补助经费的申报时间为每年的 5 月 30 日前，申报样式见附件。

第十一条　文化部组织专家对当年项目申报材料进行评审，并根据财政部核定的当年专项资金预算总额，提出各项目的保护方案和补助额度建议报财政部。财政部批准后，由财政部和文化部将补助额度指标下达给省级财政部门和省级文化行政部门。

第十二条　省级财政部门收到专项经费补助通知后，按时将经费拨付用款单位。

第十三条　未完成项目的年度结余经费应当按照规定结转下年使用。

第十四条　已批准的项目经费预算必须严格执行，一般不做调整，如遇特殊情况确需调整或变动的，应报财政部批准。

第十五条　用专项资金购置的固定资产应按照国有资产管理的有关规定，纳入单位的固定资产账户进行核算与管理。

第十六条　纳入政府采购的项目应按照政府采购的有关规定执行。

第四章　专项资金的监督与检查

第十七条　建立健全专项资金使用的监督检查机制和绩效考评制度。文化部根据项目实施情况，组织或委托有关机构进行监督检查和绩效考评。

第十八条　项目实施完毕，省级文化行政部门和财政部门须对项目执行情况进行验收，并将验收结果报文化部备案。对重大项目，财政部可组织复查。

第十九条　有下列情形之一的，应当根据具体情况给予暂停核批新项目、停止拨款、收回补助经费的处理，并依法追究有关人员的责任：

（一）虚报基础条件而取得补助经费的；

（二）擅自变更补助项目内容的；

（三）截留、挪用和挤占专项资金的；

（四）因管理不善，给国家财产造成损失和浪费的；

（五）不具备项目实施条件的。

第五章　附　则

第二十条　本办法由财政部和文化部负责解释。

第二十一条　本办法自发布之日起施行。

六、《四川省非物质文化遗产条例》

第一章　总则

第一条　为了继承和弘扬中华民族优秀传统文化，加强非物质文化遗产保护、保存工作，根据《中华人民共和国非物质文化遗产法》等法律、行政法规，结合四川省实际，制定本条例。

第二条　四川省行政区域内非物质文化遗产的保护、保存适用本条例。

本条例所称非物质文化遗产，是指各族人民世代相传并视为其文化遗产组成部分的各种传统文化表现形式，以及与传统文化表现形式相关的实物和场所。包括：

（一）传统口头文学以及作为其载体的语言；

（二）传统美术、书法、音乐、舞蹈、戏剧、曲艺和杂技；

（三）传统技艺、医药和历法；

（四）传统礼仪、节庆等民俗；

（五）传统体育和游艺；

（六）其他传统文化表现形式。

属于非物质文化遗产组成部分的实物和场所，凡属文物的，适用文物保护法律法规的有关规定。

第三条　本条例所称保护是指对体现中华民族优秀传统文化，具有历史、文学、艺术、科学价值的非物质文化遗产采取的传承、传播等措施；保存是指对非物质文化遗产采取的认定、记录、建档等措施。

第四条　非物质文化遗产的保护、保存，应当贯彻保护为主、抢救第一、合理利用、传承发展的方针，坚持政府主导、部门负责、社会参与的原则，注重其真实性、整体性和传承性，有利于增强民族团结、促进社会发展。

第五条　县级以上地方人民政府应当加强对非物质文化遗产保护工作的领导，建立非物质文化遗产保护工作协调机制，将非物质文化遗产保护、保存工作纳入本级国民经济和社会发展规划，将保护、保存经费列入本级财政预算。

第六条　县级以上地方人民政府应当对少数民族地区、革命老区、边远地区及贫困地区的非物质文化遗产保护、保存工作，结合农村扶贫开发工作，在资金、人才培养、设施建设等方面给予扶持。

第七条　县级以上地方人民政府文化主管部门负责本行政区域内的非物质文化遗产保护、保存工作。

发展改革、财政、教育、人力资源社会保障、民族宗教、新闻出版广电、旅游、城乡规划、商务、卫生计生、体育、扶贫移民等有关部门在各自职责范围内，负责有关非物质文化遗产的保护、保存工作。

乡（镇）人民政府和街道办事处协助做好非物质文化遗产保护、保存工作。

第八条　县级以上地方人民政府应当加强对非物质文化遗产保护工作的宣传，可以将本地非物质文化遗产工作同社区教育、职业教育、义务教育、学前教育等结合起来，普及非物质文化遗产知识，增强全社会保护非物质文化遗产的意识。

第九条　鼓励和支持公民、法人和其他组织依法参与非物质文化遗产保护工作。

对在非物质文化遗产保护工作中做出显著贡献的组织和个人，按照国家有关规定予以表彰、奖励。

第二章　非物质文化遗产的调查

第十条　县级以上地方人民政府根据非物质文化遗产保护、保存工作需要，组织非物质文化遗产调查。

县级以上地方人民政府文化主管部门负责非物质文化遗产调查，全面掌握其种类、数量、分布、生存环境、保护现状等情况；其他有关部门可以对其工作领域内的非物质文化遗产进行调查。

第十一条　公民、法人和其他组织可以向当地文化主管部门提供非物质文化遗产线索和资料，也可以依法进行非物质文化遗产调查。

第十二条　境外组织或者个人在四川省进行非物质文化遗产调查，应当向省人民政府文化主管部门提出申请，载明调查的内容、对象、时间、地点、调查组织或者人员等情况；省人民政府文化主管部门应当自受理申请之日起二十日内做出是否批准的书面决定。

境外组织在四川省进行非物质文化遗产调查，应当与境内非物质文化遗产学术研究机构合作进行。

境外组织或者个人应当自调查结束之日起三十日内，向省人民政府文化主管部门提交调查报告和调查中取得的实物图片、资料复制件。

第十三条　进行非物质文化遗产调查应当征得调查对象同意，尊重其风俗习惯、宗教信仰，不得损害其合法权益，不得非法占有、损毁非物质文化遗产相关资料、实物、建（构）筑物、场所等。

第十四条　县级以上地方人民政府文化主管部门应当建立非物质文化遗产濒危项目目录，对通过调查或者其他途径发现的濒临消失的非物质文化遗产项目，应当及时采取抢救性措施予以优先保存。

第十五条　县级以上地方人民政府文化主管部门应当采用文字、录音、录像、数字化多媒体等多种方式对非物质文化遗产进行真实、系统和全面的记录，建立非物质文化遗产档案和相关数据库，并妥善保存相关实物和资料。

文化主管部门和其他有关部门应当建立健全非物质文化遗产调查信息共享机制。其他有关部门应当在非物质文化遗产调查结束后六十日内，将实物图片、资料复制件汇总提交同级文化主管部门。

除依法应当保密的外，非物质文化遗产档案及相关数据信息应当公开，便于公众查阅。

第三章　非物质文化遗产代表性项目名录

第十六条　建立省、市、县三级非物质文化遗产代表性项目（以下简称代表性项目）名录，将符合下列条件的非物质文化遗产项目列入名录予以保护：

（一）具有历史、文学、艺术、科学价值；

（二）具有中华民族优秀传统文化的典型性、代表性；

（三）具有在一定群体内世代传承传播的特点；

（四）具有地域或者民族特色，在一定区域内有较大影响力。

第十七条　县级以上地方人民政府文化主管部门可以从调查或者其他途径发现的非物质文化遗产中，遴选拟列入本级代表性项目名录的项目。

第十八条　公民、法人和其他组织可以向县级以上地方人民政府文化主管部门提出列入当地代表性项目名录的申请或者建议。

第十九条　省人民政府依法从省级代表性项目名录中选择具有重大历史、文学、艺术、科学价值的非物质文化遗产项目，向国务院文化主管部门推荐列入国家级代表性项目名录。

市（州）、县（市、区）人民政府可以从本级代表性项目名录中选择项目，向上一级人民政府文化主管部门推荐列入上一级代表性项目名录。

第二十条　推荐、申请或者建议列入代表性项目名录，应当向有关文化主管部门提交以下材料：

（一）项目介绍，包括项目名称、历史、现状和价值；

（二）传承情况介绍，包括传承范围、传承谱系、传承人的技艺水平、传承活动的社会影响；

（三）保护计划，包括保护应当达到的目标和应当采取的措施、步骤、管理制度；

（四）有助于说明项目的视听资料等材料。

第二十一条　建立非物质文化遗产保护专家评审制度。

省、市（州）人民政府文化主管部门建立非物质文化遗产专家库。专家库由历史、文学、艺术、民俗、宗教、医药、技艺等相关领域具有较高水平和良好职业道德的专家组成，参与非物质文化遗产保护的规划、评审、认定、评估等相关工作。

专家遴选和管理办法由省人民政府文化主管部门制定。

第二十二条　县级以上地方人民政府文化主管部门应当组织专家评审小组和专家评审委员会，对拟列入本级代表性项目名录的项目进行初评和审议，评审工作应当遵循公开、公平、公正的原则。

具体评审办法由省人民政府文化主管部门制定。

第二十三条　代表性项目评审应当经过以下程序：

（一）对拟列入名录的项目，专家评审小组进行初评，经专家评审小组成员过半数通过后形成初评意见；

（二）专家评审委员会对初评意见进行审议，提出审议意见，审议意见应当经专家评审委员会成员过半数通过；

（三）文化主管部门将拟列入本级代表性项目名录的项目通过媒体公示征求公众意见，公示时间不少于二十日；

（四）文化主管部门根据评审委员会的审议意见和公示结果，拟订本级非物质文化遗产代表性项目名录，报本级人民政府批准后公布，并报上一级文化主管部门备案。

第二十四条　公民、法人和其他组织对拟列入代表性项目名录的项目有异议的，应当在公示期间提出书面意见。文化主管部门经调查核实，认为异议不成立的，应当在收到书面意见之日起三十日内书面告知异议人并说明理由；认为异议成立的，应当按照规定程序重新组织评审。

第四章　非物质文化遗产的传承与传播

第二十五条　县级以上地方人民政府文化主管部门可以认定并公布代表性项目的保护单位和代表性传承人（个人或者团体），并报上一级人民政府文化主管部门备案。

认定代表性项目保护单位和代表性传承人，参照本条例代表性项目评审的有关规定进行认定。

第二十六条　代表性项目保护单位（以下简称保护单位）应当具备下列条件：

（一）经依法登记，并有专人负责该项目保护工作；

（二）具有该项目代表性传承人或者该项目相对完整的原始资料；

（三）具有编制并实施该项目保护计划的能力；

（四）具备开展传承、传播活动的场所及其他条件。

第二十七条　保护单位应当履行下列职责：

（一）制定、实施项目保护计划及措施，向有关文化主管部门定期报告项目保护情况并接受监督；

（二）收集有关实物、资料，并登记、整理、建档；

（三）保护有关实物、资料和场所；

（四）开展项目传承、展示、学术研究等活动；

（五）培养项目传承人，为传承活动提供必要条件。

第二十八条　代表性项目代表性传承人（以下简称传承人）应当符合下列条件：

（一）熟练掌握其传承的非物质文化遗产；

（二）具有传承谱系，在特定领域和一定区域具有代表性、影响力；

（三）积极开展传承活动。

第二十九条　公民、法人和其他组织可以向当地文化主管部门推荐传承人，公民也可以自行申请认定为传承人。推荐传承人的，应当征得被推荐人的书面同意。

推荐或者自行申请传承人，应当提交下列材料，材料应当真实、准确：

（一）被推荐人或者申请人的基本情况；

（二）该项目传承谱系以及被推荐人或者申请人的学艺与传承经历；

（三）被推荐人或者申请人的技艺特点、成就及相关证明材料；

（四）被推荐人或者申请人持有该项目的相关实物、文献等资料情况；

（五）其他说明被推荐人或者申请人代表性的材料。

第三十条　传承人应当履行下列义务：

（一）采取收徒、办学等方式，开展传承活动，培养后继人才；

（二）妥善保存相关实物、资料；

（三）配合文化主管部门及有关部门进行非物质文化遗产调查工作；

（四）参与非物质文化遗产公益性宣传、展示、传播活动。

第三十一条　保护单位和传承人享有下列权利：

（一）开展传授、展示技艺、文艺创作、学术研究等活动；

（二）依法向他人提供其掌握的知识、技艺以及有关原始资料文献、实物、场所等，并获得相应报酬；

（三）申请获得项目保护经费或者传承人补助；

（四）提出非物质文化遗产保护工作的意见及建议。

第三十二条　县级以上地方人民政府文化主管部门应当建立本级代表性项目的保护单位和传承人档案，档案包括代表性项目保护规划的实施情况、经费使用、传承和传播展示等情况。

第三十三条　县级以上地方人民政府文化主管部门根据需要通过提供场地、经费资助等方式支持保护单位和传承人开展传承、传播活动。

教育、人力资源社会保障等部门可以采取助学、奖学或者给予职业培训补贴等方式，资助传承人带徒授艺。

第三十四条　县级以上地方人民政府应当利用现有场馆、在新建公共文化设施中设立专门区域或者根据需要新建非物质文化遗产展示场馆，结合当地传统节庆、民间习俗以及文化和自然遗产日，开展代表性项目的收藏、展示和传播活动。

县级以上地方人民政府可以将满足当地群众公共文化服务需求的代表性项目的传承与展示活动，列入本级人民政府向社会力量购买公共文化服务的指导性目录。

第三十五条　县级以上地方人民政府文化主管部门应当组织保护单位和传承人开展文化服务等活动，将非物质文化遗产传播与农村文化、社区文化、校园文化、企业文化、家庭文化建设相结合，丰富优秀公共文化产品服务与供给。

第三十六条　县级以上地方人民政府文化主管部门应当开展非物质文化遗产的数字化保护和传播，建立数据库和数字化保护系统平台，方便公民、法人和其他组织进行资料查询和复制，支持非物质文化遗产保护技术研究、传播推广和成果转化。

第三十七条　非物质文化遗产保护机构、学术研究机构，图书馆、文化馆、博物馆、科技馆、美术馆、档案馆、青少年活动中心、基层文化活动中心等公共文化机构，以及利用财政性资金举办的文艺表演团体、演出场所经营单位等，应当根据各自业务范围，有计划地开展代表性项目的研究、收藏、展示、传承等活动。

第三十八条　报刊、广播电视、互联网等媒体应当通过多种方式开展非物质文化遗产保护宣传，普及非物质文化遗产知识。

第三十九条　教育机构应当按照教育主管部门规定，将本地优秀的、体现民族精神与民间特色的非物质文化遗产列入教育内容。

学校可以采取课堂教学与社会实践相结合的方法，通过将非物质文化遗产内容融入相关课程，或者与特色课程相结合、开设校本课程等方式，向学生普及非物质文化遗产知识。

非物质文化遗产专题公共文化设施或者展室应当为学校开展教育活动提供服务和便利。

第四十条　鼓励和支持保护单位和传承人参与学校开展的非物质文化遗产课程。

鼓励和支持职业学校、高等学校、科研机构建立非物质文化遗产教学、研究基地，设置相关专业和课程，培养非物质文化遗产保护、传承等专业人才。

第四十一条　鼓励和支持公民、法人和其他组织通过下列方式参与非物质文化遗产的传承与传播：

（一）成立非物质文化遗产研究机构，设立非物质文化遗产展示和传承场所，举办公益性非物质文化遗产展示活动，研究、收藏和传承代表性项目；

（二）整理、翻译、出版非物质文化遗产原始文献、典籍、资料等；

（三）将其持有的非物质文化遗产实物和资料捐赠或者委托政府设立的公共文化机构收藏、保管、展出；

（四）资助非物质文化遗产的传承与传播。

第四十二条　实行代表性项目、传承人动态管理制度。

县级以上地方人民政府文化主管部门应当会同有关部门，组织相关专家、有代表性的社会人士定期对本级代表性项目保护的实施情况进行评估和监督检查，并向社会公开评估结果。

县级以上地方人民政府文化主管部门监督检查发现保护单位或者传承人无正当理由未履行规定义务的，责令其限期整改；逾期不改正的，应当取消其保护单位或者传承人资格，并按照规定程序予以重新认定。

传承人丧失传承能力，难以履行传承义务的，县级以上地方人民政府文化主管部门可以重新或者补充认定该项目的传承人，原传承人继续保留传承人资格。

第四十三条　代表性项目因客观环境改变无人传承、不再呈活态文化特性而自然消亡的，经县级以上地方人民政府文化主管部门组织专家评估、调查核实后，报请本级人民政府批准退出名录，并向社会公布。

第五章　非物质文化遗产的保障与利用

第四十四条　县级以上地方人民政府应当明确承担非物质文化遗产保护工作职责的机构，加强非物质文化遗产保护队伍建设，以多种方式培养非物质文化遗产研究、传承、保护等各类专门人才。

第四十五条　县级以上地方人民政府文化主管部门应当根据非物质文化遗产保护、保存工作需要，听取相关专家和社会公众意见，会同有关部门编制本级非物质文化遗产保护工作规划。

第四十六条　县级以上地方人民政府文化主管部门应当根据代表性项目的状况和特点，制定项目保护规划和实施方案，实行分级、分类保护。

第四十七条　对濒临消失、活态传承困难的项目，县级以上地方人民政府文化主管部门应当会同有关部门制定抢救保护方案，予以重点抢救性保护。抢救性保护应当采取下列措施：

（一）采用文字、图片、录音、录像等方式进行记录、整理、保存、建档；

（二）征集、保存相关资料实物；

（三）保护相关场所及遗迹；

（四）采取特殊措施培养传承人；

（五）其他抢救性保护措施。

第四十八条　对受众较广泛、活态传承较好的项目，县级以上地方人民政府文化主管部门可以通过认定传承人、培育或者扶持传承基地等方式，实行传承性保护。根据需要采取下列措施，支持传承人和传承基地开展传承活动：

（一）记录、整理、出版有关技艺资料；

（二）提供必要的传承场所；

（三）给予必要的经费资助；

（四）组织开展研讨、展示、宣传、交流等活动；

（五）有利于项目传承的其他措施。

第四十九条　对具有市场需求与开发潜力的传统技艺、美术、医药类等项目，鼓励和支持发挥非物质文化遗产资源的特殊优势，进行合理开发利用，实行生产性保护。

县级以上地方人民政府及有关部门根据需要，引导、扶持代表性项目生产性保护示范基地建设，加强传统工艺的挖掘、记录、整理和研究，使项目的核心技艺在生产实践中得以传承。

实行生产性保护应当坚持在保护的基础上合理开发利用，保持非物质文化遗产的真实性、整体性和传承性。鼓励在不改变其主要传统生产方式、传统工艺流程和核心技艺基础上，探索手工技艺与现代科技、工艺装备的有机融合，提高传统工艺的传承和再创造能力，加强成果转化。

第五十条　鼓励在保护非物质文化遗产核心价值的基础上，对非物质文化遗产进行再创造，促进非物质文化遗产走进现代生活，实现可持续发展。

第五十一条　利用代表性项目进行艺术创作、出版、旅游活动等，应当尊重其原真形式和文化内涵，不得歪曲、贬损、滥用和过度开发。

第五十二条　县级以上地方人民政府应当对合理利用代表性项目的公民、法人和其他组织，在资金、场所提供、宣传推介、产品销售等方面予以扶持和帮助。

合理利用代表性项目的，可以按规定申请国家、省级相关产业发展专项资金，依法享受国家规定的税收、信贷、土地使用等优惠政策。

第五十三条　符合下列条件的特定区域，所在地文化主管部门可以会同有关部门制定非物质文化遗产专项保护规划，设立文化生态保护区，实行区域性整体保护：

（一）传统文化积淀丰厚、存续状态良好，并为社会广泛认同；

（二）非物质文化遗产资源丰富，代表性项目集中，且具有较高的历史、文化、科学价值和鲜明的区域特色；

（三）非物质文化遗产所依存的自然环境和人文环境良好；

（四）当地居民的文化认同感和参与保护的自觉性较高。

非物质文化遗产专项保护规划应当征求特定区域内的居民意见，组织相关专家咨询论证，报经本级人民政府批准后实施。

文化生态保护区应当以保护区域内的非物质文化遗产为核心，注意保护相关的文化空间和特定的自然人文环境，结合传统村落、少数民族特色村镇和历史文化街区以及相关的自然生态环境、物质文化遗产及其资源等，进行整体性保护。

第五十四条　实行区域性整体保护涉及非物质文化遗产集中地村镇或者街区空间规划的，由当地城乡规划主管部门依据相关法规制定专项保护规划，并依法纳入当地城乡规划。

在整体保护区域内新建、改造或者修缮建（构）筑物，应当尊重该区域的传统文化和历史风貌，并与之相协调。

第五十五条　县级以上地方人民政府应当在政策优惠、资金投入、基础设施建设等方面对整体保护区予以扶持。

鼓励有条件的整体保护区在保持非物质文化遗产真实性、整体性和传承性的基础上，发展符合其特色的旅游活动。

第五十六条　县级以上地方人民政府应当采取措施，保护与代表性项目密切相关的珍稀矿产和植物、动物等天然原材料。

第五十七条　鼓励和支持公民、法人和其他组织参与非物质文化遗产的利用与发展，依法开展代表性项目对外交流与贸易，提高非物质文化遗产的影响力，弘扬中华民族优秀传统文化。

第六章　法律责任

第五十八条　违反本条例规定，境外组织或者个人擅自进行非物质文化遗产调查的，由文化主管部门责令改正，给予警告，没收违法所得及调查中取得的资料、实物；情节严重的，对境外组织并处十万元以上五十万元以下罚款，对境外个人并处一万元以上五万元以下罚款。

第五十九条　违反本条例规定，公民、法人和其他组织在申报代表性项目保护单位或者传承人过程中弄虚作假的，由文化主管部门责令改正，给予警告；情节严重的，取消其参评资格；已被认定为代表性项目保护单位或者传承人的，予以取消，并责令其退还项目保护经费或者传承人补助经费。

第六十条　违反本条例规定，文化主管部门和其他有关部门、非物质文化遗产保护工作机构及其工作人员在非物质文化遗产保护、保存工作中有下列情形之一的，对直接负责的主管人员和其他直接责任人员依法给予处分：

（一）进行非物质文化遗产调查时不尊重风俗习惯和宗教信仰，造成严重后果的；

（二）违反法定条件和程序认定代表性项目及其保护单位和传承人的；

（三）截留、挪用、挤占非物质文化遗产保护、保存经费的；

（四）玩忽职守、滥用职权、徇私舞弊的。

第六十一条　侵占、破坏代表性项目相关资料、实物、建（构）筑物、场所的，尚不构成犯罪的，由文化主管部门责令改正，给予警告，可并处二千元以上二万元以下罚款；情节严重的，并处二万元以上十万元以下罚款；有违法所得的，没收违法所得。

第七章　附则

第六十二条　使用非物质文化遗产涉及知识产权的，适用有关法律、行政法规的规定。

对传统医药、传统工艺美术等的保护，法律、行政法规另有规定的，依照其规定。

第六十三条　本条例自 2017 年 9 月 1 日起施行。

参考文献

［1］贾银忠. 中国少数民族非物质文化遗产教程. 北京：高等教育出版杜，2008.

［2］苑利，顾军. 非物质文化遗产学. 北京：民族出版杜，2009.

［3］冯骥才. 中国民间文化遗产抢救工程普查手册[M]. 北京：高等教育出版社，2003.

［4］牟延林，谭宏，刘壮. 非物质文化遗产概论. 北京：北京师范大学出版社，2010，1.

［5］王文章. 非物质文化遗产概论. 北京：文化艺术出版社，2006，10.

［6］朱兵. 非物质文化遗产保护中的政府行为与制度建设. 中国人大网：www.yn.gov.cn/yunnan，china/76280826823835...2007.

［7］泽波. 略论非物质文化遗产保护与构建和谐四川的关系. 非物质文化遗产评介，2010（3）.

［8］四川旅游政务网：四川概况：奇绝文化，http：//www.scta.gov.cn/web/.

［9］谭继和. 四川文化旅游产业的精品打造方略. 四川省情. 2007（1）.

［10］谭继和. 四川文化旅游资源详览. 四川省情. 2006（8）.

［11］牟延林，谭宏，刘壮. 非物质文化遗产概论. 北京师范大学出版社，2010.

［12］四川省政协. 加强四川省非物质文化遗产保护的调研报告. 2009（6）.

［13］四川省文化厅. 进一步完善措施，扎实推动"非物质文化遗产"工作可持续发展.四川非物质文化遗产. 2010 年（1）.

［14］中国投资咨询网. 四川动漫游戏产业影响力日渐增强. http：//culture.ocn.com.cn/ Info/2010.

［15］陈永正，等. 四川旅游发展的战略转变来自大地震的启示·改革与发展. 2009（1）.

[16] 杨媛媛. 非物质文化的可持续发展与本土设计创新[D]. 湖南大学，2008.

[17] 林庆. 云南非物质文化遗产的保护和开发[J]. 云南社会科学，2004（4）：94-97.

[18] 朱清华. 非物质文化视野下传统文化的开发与利用——以傅山园为例[J]. 体育研究与教育，2014（5）：102-105.

[19] 顾伟列. 中国文化通论[M]. 上海：华东师范大学出版社，2005.

[20] 史仲文. 文化中国的十大品性[M]. 北京：中国发展出版社，2009.

[21] 王文章. 非物质文化遗产概论[M]. 北京：文化艺术出版社，2006.

[22] 段宝林. 非物质文化遗产精要[M]. 北京：中国社会出版社，2008.

[23] 彭顺生. 世界遗产旅游概论[M]. 北京：中国旅游出版社，2008.

[24] 牟延林，谭宏，刘壮. 非物质文化遗产概论[M]. 北京：北京师范大学出版集团，2010.

[25] 马婷. 保护非物质文化，发展辽宁创意文化产业[J]. 商业文化（下半月），2011（3）：125-126.

[26] 刘维尚，孙炳明. 非物质文化品牌的包装与推广研究[J]. 产业与科技论坛，2011（1）：33-34.

[27] 刘焱，胡蓓蓓. 非物质文化传承与保护途径初探[J]. 经济师，2007（7）：14-15.

[28] 郝朴宁. 非物质文化形态的社会承载形式[J]. 学术探索，2008（3）：123-131.

[29] 王光荣. 略论非物质文化遗产的保护与开发利用[J]. 广西师范学院学报（哲学社会科学版），2007，28（1）：1-5.

[30] 田青刚. 论旅游业态演变中的非物质文化元素[J]. 特区经济，2010（9）：153-155.

[31] 陆师，吴倩，张蔓菁，等. 非物质文化遗产旅游的开发运营研究[J]. 管理观察，2017（15）：130-131.

[32] 冯玉宝. 东北亚旅游产业合作模式研究[D]. 吉林大学，2016.

[33] 黄金彦. 非物质文化遗产旅游产品开发研究——以长阳土家族自治县为例[D]. 湖北大学，2018.

[34] 张勇. 旅游资源、旅游吸引物、旅游产品、旅游商品的概念及关系辨析[J]. 重庆文理学院学报，2010，29（4）：155-159.

[35] 李浩. 非物质文化遗产旅游产品开发的电子商务模式研究——以鲁班锁为例[D]. 青岛大学：2016.

[36] 李春雨，何芝兰. 非物质文化遗产保护与旅游开发[J]. 知识经济，2009（3）：171.

[37] 黄益军，吕庆华. 非物质文化遗产与新型文化业态的融合[J]. 重庆社会科学，2015（12）：67-75.

[38] 张景明，杨晨霞. 美术类非物质文化遗产衍生品产业化前景及发展路径探析——从辽宁省文化产业的发展状况论起[J]. 通化师范学院学报，2016，37（3）：13-18.

[39] 王鹤云：《浅论保护中国少数民族民间文学艺术的有效方式》，收录于张庆善主编的《中国少数民族艺术遗产保护及当代艺术发展国际学术研讨会论文集》，文化艺术出版社，2004，89.

[40] 刘凯. 文化产业创新促进文化产业发展研究[D]. 东北大学，2014.

[41] 杨静，唐经伟. 四川省凉山州非遗文化产业发展现状调查与思考[J]. 通化师范学院学报，2016（11）：37-43.

[42] 吴宗平. 民族文化产业视野下少数民族非遗文化的生产性保护——以水族马尾绣工艺为例[J]. 商业文化，2015（50）：114，126.

后　记

目前国内有关非物质文化遗产的教材极少，只有王文章主编的《非物质文化遗产概论》、向云驹主编的《人类口头和非物质遗产》、贾银忠主编的《中国少数民族非物质文化遗产教程》、苑利著的《非物质文化遗产学教程》、顾江主编的《文化遗产经济学》等，其均不适合作为四川文化艺术学院的非物质文化遗产通识课教材，其主要针对民族学、民俗学开设专业课程编写，不适宜专科生、本科生使用，理论性太强。到目前为止，四川文化艺术学院是在全国率先将《非物质文化遗产概论》作为通识课开设的高校。其将非物质文化遗产教学贯穿于各个文化艺术门类之中，依据各自的艺术特色，与优秀的非物质文化遗产相衔接，形成了自己的教学特色。

四川文化艺术学院与中国非物质文化遗产研究院经过 10 年的非物质文化遗产教学实践，多次组织研讨非物质文化遗产教学理论，予以归纳总结，组织人员编撰《非物质文化遗产概论》，编写工作具体分工如下：绪论由龚珍旭、柯小杰编写；第一章非物质文化遗产的定义、特征与标志由陈淑娟编写；第二章非物质文化遗产的类别由陈淑娟、柯小杰编写；第三章非物质文化遗产的价值由佘彦宏编写；第四章非物质文化遗产的保护由方超编写；第五章非物质文化遗产的利用由耿纪鹏编写；第六章非物质文化遗产的管理由潘昱州编写；第七章四川省非物质文化遗产传承与保护由童光庆编写。它是集体劳动成果，总主编龚珍旭负责全书的纲要，以及编辑出版过程中的组织协调工作，主编柯小杰、童光庆主要负责全书的统稿、定稿工作，程俊参与全书最后的定稿工作，余林玲负责编务工作。

编　者

2019 年 6 月 26 日于绵阳